2020 年文化和旅游宏观决策课题成果汇编

中国旅游研究院（文化和旅游部数据中心）编

中国旅游出版社

责任编辑：刘志龙
责任印制：冯冬青
封面设计：中文天地

图书在版编目（CIP）数据

2020年文化和旅游宏观决策课题成果汇编 / 中国旅游研究院（文化和旅游部数据中心）编. -- 北京 : 中国旅游出版社, 2020.12

ISBN 978-7-5032-6676-8

Ⅰ. ①2… Ⅱ. ①中… Ⅲ. ①文化发展－宏观决策－研究报告－中国－2020②旅游业发展－宏观决策－研究报告－中国－2020 Ⅳ. ①G120②F592.3

中国版本图书馆CIP数据核字(2021)第038848号

书　　名：2020 年文化和旅游宏观决策课题成果汇编

作　　者：中国旅游研究院（文化和旅游部数据中心）编
出版发行：中国旅游出版社
（北京静安东里 6 号　邮编：100028）
http://www.cttp.net.cn　E-mail:cttp@mct.gov.cn
营销中心电话：010-57377108，010-57377109
读者服务部电话：010-57377151
排　　版：北京旅教文化传播有限公司
经　　销：全国各地新华书店
印　　刷：北京盛华达印刷科技有限公司
版　　次：2020 年 12 月第 1 版　2020 年 12 月第 1 次印刷
开　　本：787 毫米 ×1092 毫米　1/16
印　　张：8.5
字　　数：160 千
定　　价：56.00 元
ＩＳＢＮ　978-7-5032-6676-8

编写说明

经文化和旅游部批准，原国家旅游局科研立项课题调整为文化和旅游宏观决策课题，由中国旅游研究院（文化和旅游部数据中心）组织实施，旨在调动全国各方面研究力量服务文化和旅游宏观决策。

文化和旅游宏观决策课题分为重点课题和一般课题两类。2020 年课题指南包括 32 条选题，其中，重点课题选题 12 条，一般课题选题 20 条。2020 年文化和旅游宏观决策课题共 20 项课题立项，其中，重点课题 5 项，一般课题 15 项。

本成果汇编收录了 2020 年立项并通过结项鉴定的全部 20 项课题研究报告摘要。

目 录

2020 年文化和旅游宏观决策课题——重点课题

2020 年文化和旅游宏观决策课题——一般课题

2020 年文化和旅游宏观决策课题

——重点课题

我国丝绸之路旅游黄金线路提振研究

负 责 人：白　凯
依托单位：陕西师范大学
起止日期：2020年5月—2020年11月

一、研究的目的和意义

中共中央、国务院印发的《关于新时代推进西部大开发形成新格局的指导意见》与《中共中央关于制定国民经济和社会发展第十四个五年规划和二〇三五年远景目标的建议》，明确了西部地区积极参与和融入“一带一路”倡议和旅游发展，要充分发挥丝绸之路经济、文化、交通与丝绸之路旅游发展的合力效应，提振丝绸之路旅游黄金线路（简称“黄金线路”）是新时代推进西部大发展的新格局、推动西部地区文化和旅游高质量发展的必然要求。这不仅从顶层设计层面为丝绸之路旅游黄金线路的提振指明了方向，同时也彰显出丝绸之路旅游发展对增进沿线地区民生福祉的重要性。

黄金线路是在丝绸之路沿线（以下简称“丝路沿线”）历史文化和交通线路基础上，以“丝绸之路：长安—天山廊道路网”世界文化遗产为核心，关联丝路沿线景观、道路和城镇节点形成的黄金旅游线路。然而，黄金线路虽然资源赋存极高、文化价值独特，且高铁、高速等交通设施正处于不断的完善之中，其旅游热度却迟迟得不到提升，“有说头，少看头，没玩头”仍是丝绸之路旅游无法摆脱的现状难题，黄金线路不冷不热的局面仍未打破。因此，本课题指出，黄金线路的提振问题已不再是某个省份、某个市或某个景区“单打独斗”所能改善的，而是需要从更宏观的角度出发，根本性、全局性、系统性地思考黄金线路的提振之“道”。

二、主要内容、重要观点、对策建议

当前，我国黄金线路的发展可以概括为五个方面，一是丝路沿线商贸与人文交流广泛开展，二是“文化遗产 + 旅游”融合发展成效显著，三是黄金线路文旅品牌联合打造粗具规模，四是交通网络与立体旅游空间布局正在成型，五是顶层设计指导丝路旅游发展有序推进。在发展现状的基础上，本课题认为，我国丝绸之路旅游黄金线路当前存在五个制约发展的问题：一是经济属性遮蔽民生属性，丝路经济热度高、投入大、带动弱，民生工程与社会保障不佳；二是空间属性遮蔽业态属性，丝路沿线范围广、节点多、跨度大，业态结构与产业布局不优；三是文物属性遮蔽文旅属性，丝路遗产价值高、认识浅、活化弱，文旅发展与融合创新滞后；四是省域属性遮蔽区域属性，丝路省市界限明、竞争强、协作少，区域联动和统筹发展乏力；五是管治属性遮蔽市场属性，丝路旅游政策多、落地少、成效低，市场调节与反馈功能不足。

面对现存的问题与挑战，本课题在实地调研和相关分析的基础上，突出重点，紧抓要点，从宏观层面探索我国黄金线路提振的策略和建议。因此，本课题按照宏观决策的逻辑，提出提振我国黄金线路可以从四个层面进行着手：

——凝练大思路，突破传统思维，推进黄金线路联动创新发展。认真践行“和平合作、开放包容、互学互鉴、互利共赢”为核心的丝路精神，以丝绸之路旅游实现区域联动发展为目标，突破传统带状思维，整合丝绸之路沿线文化和旅游资源，加强旅游线路的创新与协同，推动黄金线路的提振及区域经济社会发展。具体包括：一是在思想上坚定以“新格局”为引领的丝路旅游创新方向，不仅要将“高质量”作为黄金线路提振的基调，同时要从顶层设计的角度凝聚丝路沿线省市旅游合作发展共识；二是在空间上坚持以“节点—交通”为联动的丝路旅游协同格局，在凸显并培育丝路旅游节点的引擎作用的同时，要突出以交通线路为核心的黄金线路提振转向；三是在资源上强调以文化遗产为核心的“大资源观”发展思路，要强化丝路文化遗产的内涵以及丝路旅游产品转化方向，同时要发展以“大资源观”为导向的丝路旅游创新模式。

——提出大举措，打破区域局限，推进丝绸之路旅游黄金线路提质升级。根据丝绸之路旅游黄金线路既有问题与现状，以“新格局”“高质量”“大资源观”为引领，提出提振优化丝路旅游黄金线路的“136”举措，即塑造一大核心、部署三大策略、实施六大路径。具体包括：一是塑造以打造“丝路黄金线路国际旅游品牌”的核心；二是部署丝路文旅品牌集团化运营策略（包括培育丝路沿线主要城市文旅集团，实行“融、投、建、管”一体化运作机制等）、丝路文旅业态创新转化策略（包括挖掘、整

理、活化丝绸之路旅游线路文化内涵，培育开发多业态、多元化的旅游线路产品，发挥“+ 科技”的创新转化作用等）以及丝路交通要道贯通遗产廊道策略（包括优化四维立体交通要道建设，拓展丝绸之路文化旅游带生存发展的新空间，优化丝绸之路关联城市群建设等）三大策略；三是实施丝路黄金线路重点文旅企业引领的市场路径（包括形成文旅企业五星联盟，中小型文旅企业多极连锁等）、优化重构丝绸之路文旅轴线的空间路径（包括拓展沿线城市文旅发展轴线，拓宽两圈多横文旅发展空间布局等）、大景区大遗址支撑黄金线路的资源路径（包括设立丝路世界遗产保护项目和遗产活化驱动工程，推动成立丝绸之路国家文化公园等）、技术助推丝绸之路文旅发展的科技路径（包括推进丝路智慧文旅设施建设，推进丝路新媒体公众化建设，推进丝路文旅大数据营销网络平台与智慧化网络营销平台建设等）、多渠道开展文旅产业投融资的资本路径（包括建立中省市丝路文旅发展建设专项扶持资金，推进民营资本投资旅游业等）以及丝绸之路文化旅游融合发展的业态路径（包括推动文化遗产的创造性转化与创新性发展，加快节事文艺的多向度发展，创新康养旅游的延伸式发展，实现文化创意旅游的跨越式发展等）六大路径。

——激发大行动，以黄金线路助推新时代西部地区高质量发展。具体包括：一要着力推进丝路沿线省市文旅一体化打造行动，要集豫、陕、甘、青、新五省合力实现文旅管控一体化（包括成立“丝绸之路旅游黄金线路工作小组”等），要依托现代综合交通实现文旅服务一体化（包括打造丝路旅游“百景连珠”图等）；二要强力推进丝路文化提升与遗产活化行动，要深入挖掘丝绸之路文化内涵（包括组建多部门参与的丝绸之路文旅研究智库等），同时要创新遗产活化以开创丝路旅游深度体验模式（包括推广创新性文化遗产活化手段与融合创新，开展节会节事与文创活动等）；三要全力推进丝绸之路国家文化公园创建行动，要提升格局并实施丝路文化遗产贯通项目（包括统筹编制《丝绸之路国家文化公园创建方案》，推动行政管理与国家文化公园管理并行等），要打造一批重要的目的地景区和旅游节点（包括形成“四个示范、八个重点、二十二个节点”的格局等），同时要加快推进黄金线路基础设施建设（包括加强沿线国土空间环境修复，推出丝路国家文化公园形象标志等）；四要全面推行黄金线路市场引爆行动，具体策略包括促销宣传引爆（包括景区淡季免票、节假日门票折扣等活动）、文化演绎引爆（包括文化演艺、光影视觉技术应用等）、品牌引爆（包括打造“丝绸之路旅游黄金线路”品牌）、提升“文旅卖点”撬动市场（包括丝路遗产游乐业，“两避三养”住宿业，丝路夜游演艺业，丝路智慧旅游，丝路美食等）以及节事策划引爆市场（包括打造新赛事和现代节庆等）；五要加快推进黄金线路惠民行动，要加强丝路旅游惠民环境建设（包括建设丝路旅游街区，推进生态保育及绿色丝路旅游环境建设，加强丝路文物古迹、古镇古村落的保护与防火安全等），同时要推行丝路旅游资源更多免费优惠（包括推出多样化的优惠措施，逐步免费开放城市公园、博物馆等公共资源等）。

——提振丝绸之路旅游黄金线路的五大政策建议。具体包括：一是明确组织领导，强化顶层设计把控。要强化组织领导机制、完善党政统筹工作机制以及建立部—省合作机制。二是强化协作机制，助推丝路旅游发展。要建立区域间的合作交流机制、形成丝绸之路西北沿线旅游合作城市联盟体以及继续增开中欧客运班列。三是创新文保政策，提升文旅融合活力。要建立文化遗产清单制度、创新文化遗产保护和利用模式以及编制系列文化遗产活化利用规划和实施方案。四是完善资金体系，落实经费保障支持。要建立“国家—地方—社会”三级化的经费保障机制、完善商业性资金筹措和融资风险分担机制以及实行差别化财政补助政策。五是落实多重保障，提升丝路民生福祉。要完善多层次覆盖的社会保障体系、构建“丝绸之路旅游人才吸引和培养合作联盟”以及提供基础设施建设的用地保障政策。

基于当前黄金线路所面临的机遇与挑战，本课题致力于通过探究黄金线路的提振方案，实现助力西部大开发新格局以彰显顶层设计引领，对接经济内循环新要求以强化丝路文旅联动，提升丝路文化新内涵以打造丝路文化标识，凸显文旅发展新效益以持续增进民生福祉，助力绿色丝路新发展以促成文旅生态互济，树立文旅融合新标杆以贡献中国智慧和中国方案等宏观决策目标。

三、学术价值、应用价值及社会影响和效益

本课题以黄金线路（国内段）为研究对象，重点分析点（节点城市/重点景区）、线（文化线路、交通线路、经济线路、旅游线路）、面（辐射区域）联动下，丝绸之路旅游黄金线路的发展现状、存在问题、形成原因和解决对策，进而实现提振丝绸之路黄金旅游线路的理论和实践目标。成果的学术价值和应用价值，以及社会影响和效益如下。

学术价值与应用价值方面：从地理学、文化和旅游综合性视角出发，提出提振丝绸之路旅游黄金线路的大思路、大举措、大行动。一是破解“线”思维壁垒，以更加宏观的视野探索提振丝绸之路旅游黄金线路的区域性、融合性和指标性特征；二是凸显交通设施快速发展的带动作用，尤其是高铁、高速等交通设施对可进入性的改变，

并在此基础上，探索“遗产廊道”和“交通要道”的融合点；三是破解体制机制壁垒，制订提振黄金线路的行动方案和行动计划，促进西部大开发形成新格局；四是从现实问题探究思维和区域解析思维相结合视角出发，建构并丰富了黄金线路的理论内涵和研究范式；五是契合新时代西部大开发形成新格局的旅游发展要求，提出“点—线—面”的丝绸之路旅游联动发展思路，从旅游发展的根本思路上谋划新布局；六是突破丝绸之路旅游不冷不热的现状壁垒，以文化遗产价值和交通空间布局的融合发展为提振点，激活黄金线路的发展潜力；七是为助推新时代西部地区高质量发展，促进西部大开发形成新格局提供智力支持和参考。

社会影响和效益：本课题首先发现了制约黄金线路不冷不热的原因，即丝路沿线地区的发展理念与区域联动体制机制阻滞、丝路旅游融入丝绸之路经济带成效不佳、丝路区域立体交通驱动旅游发展不足、遗产廊道与丝绸之路旅游线路衔接不畅、丝路整体性品牌旅游资源不足、丝路沿线区域改革开放创新的思想理念落后于东部，均是阻碍黄金线路发展的主要原因。因此，本课题提出大思路、大举措、大行动来充分发挥丝绸之路经济、文化、交通与丝绸之路旅游发展的合力效应，使得提振黄金线路成为新时代推进西部大发展、推动西部地区高质量发展的重要支持。同时，解决黄金线路不冷不热的问题，助力新疆加快丝绸之路经济带核心区建设；支持甘肃、陕西充分发掘历史文化优势，发挥丝绸之路经济带重要通道、节点作用；打造区域重要支柱产业，探索出以黄金线路连通中西部文化、联动区域经济发展的模式和路径。

新时代文化和旅游国际话语权高质量构建研究

负 责 人：杨劲松
依托单位：中国旅游研究院（文化和旅游部数据中心）
起止日期：2020年5月—2020年11月

一、研究的目的和意义

（一）研究目的

旨在从高质量构建角度来研究新时代文化和旅游国际话语权，为新时代高质量构建文化和旅游国际话语权提供有益的启示。

（二）研究意义

以习近平新时代中国特色社会主义思想、习近平总书记关于文化和旅游工作及人类命运共同体理念的系列重要论述为指导，构建起高质量构建文化和旅游国际话语权研究的基本框架，丰富文化和旅游发展理论。

系统回答文化和旅游国际话语权高质量构建为什么、做什么和如何做的问题，为文化和旅游国际话语权提升和强化提供针对性强、可操作性突出、符合新时代要求的政策建议。结合各项国家战略和部门工作安排特别是疫后复苏及“十四五”文化和旅游发展规划，形成针对性的政策建议支撑材料。比如，怎样推动形成能够打动人和吸引人的话语内容，怎样创造和利用适当渠道和手段将话语有效传播出去，怎样将舆论性话语权转化为制度性话语权等。

二、主要内容、重要观点、对策建议

（一）主要内容

国际话语权就是指国际话语主体以国家利益为核心、对国际事务“发声”的权利以及由“声音话语”所生成的权力。从话语指向和内容上看，国际话语权涵盖知情权、表达权、参与权、决定权和与之相关的影响力，在包括对国际事务、国际事件的定义和对国际标准、国际规则的制定，以及对国际事件、国际活动的评议等方面表达出来。研究报告主要内容包括：

1. 文化和旅游国际话语权总体情况梳理

对我国文化和旅游国际话语权形成和发展历程和各阶段主要特征进行梳理，明确新时代面临形势和发展趋势。当前面临更严峻复杂的发展环境，但是长期比短期乐观。话语权的系统性成长要求将更为突出。

2. 文化和旅游国际话语权高质量构建的界定

明确文化和旅游国际话语权高质量构建的内涵，分析其必要性、可能性和价值所在，回答新时代为什么要高质量构建文化和旅游国际话语权。高质量的文化和旅游国际话语权主要体现在话语性话语权、结构性话语权、制度性话语权和道义性话语权上。新时代准确表达、深刻阐释我国文化和旅游发展所表现出的生机和活力，是新时代的使命，也是未来奋斗的目标。以此缓解国际旅游事务参与能力不足、主动设置话题的能力欠佳、旅游国际合作的中长期发展战略缺位和具体话语表现方式效果不佳等问题。

3. 文化和旅游国际话语权高质量构建的机制制约和优化方向研究

美国的经验在于，紧密依托国家实力、占据道德高地且极具感召力的话语内容和表现形式、储备有助于话语权形成和强化的战略资源、文化和旅游融合的话语权塑造方式。

在高质量构建过程中，需要发挥文旅融合理论的支撑作用，特别是文化和旅游融合与国际话语权提升的相互关系和基本作用机制。推动高质量构建能力的系统评估。

4. 文化和旅游国际话语权高质量构建建议（详见下文“对策建议”）

（二）重要观点

（1）新时代文化和旅游国际话语权的高质量构建刻不容缓。

（2）文化和旅游国际话语权高质量构建是文化和旅游高质量融合的重要组成部分，

文化和旅游高质量融合可为文化和旅游话语权高质量构建提供可持续的强大动能。

（3）在文化和旅游国际话语权高质量构建过程中，需要“知彼知己”。

（4）文化和旅游国际话语权高质量构建是包含文化、旅游、外交、外宣等多方面在内的系统工程。需要系统审视，补足短板，重点突破。

（三）对策建议

1. 以人类命运共同体理念为指引夺取道德高地

在文化和旅游国际话语权高质量构建过程中，坚持、阐释、传播和强调人类命运共同体理念有利于抢占道德高地。是在为解决人类共同面临的“发展赤字、和平赤字、治理赤字”三大难题提供“中国方案”、贡献“中国智慧”。发挥文化和旅游的特长，通过理论创新与概念创新，努力构建起带有人类共同价值内涵的中国话语，在国际民间话语空间、国际官方话语空间和国际治理公共话语空间中持续生产有吸引力的中国故事主题和框架，提升中国话语的感染力与同化力。优化锚定人类命运共同体理念的制度供给，提高人类命运共同体理念的创新阐释能力和国际动员能力。

2. 以文化和旅游融合为抓手推动国际话语权高质量构建

从源头上激发国际话语权的清流活水，建设具有鲜明中国特色的文化和旅游国际话语体系。密切关注国际社会所共同面临的各种重大理论和现实问题及其在文化和旅游实践中的表现形式，关注国际话语结构新动态，克服话语僵化，适时调整提炼出具有普遍意义的话语，形成富有针对性的集中宣传回应。坚持“宜融则融、能融尽融；以文塑旅、以旅彰文”的方针。在学习借鉴人类文明成果的基础上，用中国文化和旅游的理论研究和话语体系解读中国实践、中国道路，不断概括出理论联系实际的、科学的、开放融通的新概念、新范畴、新表述，打造具有中国特色、中国风格、中国气派的理论话语体系。

3. 以文化和旅游高质量发展夯实国际话语权根基

培育硬实力，明确影响力和支撑点。解放思想，大力发展文化和旅游领域的生产力，不断加强中国特色社会主义的小康社会建设，这不仅是富民强国之本，也是中国文化和旅游话语权走向世界的坚实物质基础。不断满足人民群众日益增长的美好生活需要，用文化和旅游领域鲜活的现实向世界展示中国特色社会主义的旺盛生命力，为国际话语权的提升打下坚实的物质基础。明确内外两个循环与话语权提升的联动机制。发挥我国超大规模经济体优势，充分发挥国内市场对文化和旅游的支撑作用，释放市场潜能。探索稳固和强化国际供给和需求的路径，实现更高水平的供需平衡。以国内

文化和旅游市场为基础和主体，以建立在强大市场基础上的跨境文化和旅游交流合作为国际话语权的主要调控动能。由此实现内部可循环，并且提供巨大国内市场和供给能力，支撑并带动外循环。

4. 构建识别度高、吸引力强、感召力大的国家文化和旅游品牌体系

评估国家文化和旅游品牌效能，构建高质量的国家文化和旅游品牌体系。国家文化和旅游品牌至少需要具备这些特征：第一，展示国家文化特质或个性；第二，表达热情欢迎和可参与；第三，形式易理解、记忆和传播；第四，易于对受众产生精神鼓励；第五，具有优良的品牌延展性；第六，在总体形象把握上，着重运用传统和现代文化相融相生的符号。

5. 培育文化和旅游领域具有国际视野的高水平智库

一是培育智库的理论创新能力。推动涵盖文化、旅游、外交与安全理论的互动创新。以加强国别、区域研究和全球治理研究为基础，尽快实现相关理论突破，加快文化和旅游交流合作理论、传播理论、全球治理理论的理论创新。逐步掌握对国际议程、他国问题的发言权、阐释权和预测能力，打破西方发达国家在这一领域的理论和话语垄断。二是培育智库的系统性政策供给能力。建议构建丰富的国际议题案例库，常态化举办与国际形势和行业实际密切结合，形式多样的新议题实战模拟演习，提高智库对新资源的提取和整合能力，激发智库主动制造议题的积极性。三是提升智库的政策评估能力，掌握政策评估话语权。智库应逐步建立对本国、他国、国际文化和旅游重要政策领域的数据、指标体系、民意测验及评估体系，逐步掌握评估标准与评估体系的制定权，掌握智库评价话语权。建立有国际公信力和影响力的国际智库评价体系和中国标准，打破西方国家对国际评价的标准垄断和话语垄断。四是提升平台创造和舆论供给能力。提升智库的平台创造能力，鼓励智库打造对接国内国外，且具有广泛国际影响的文化和旅游对话平台。提升智库与本国政府政策对话平台的质量，着力解决政策需求与研究供给信息不对称问题，避免交流平台低水平重复建设，打造具有较高政策对话水平和广泛影响的高端对话品牌。五是优化智库的人才交流和成长机制。推动政府的跨国联合研究，提升中国智库对有关文化和旅游双多边问题、国际问题的政策供给和理论供给的国际化程度，同时减少一些国家的猜疑和防范，提升政策供给的接受度和影响力。推动智库人才到相关国际组织任职，竞选重要岗位。鼓励高水平智库在境外设立分支机构或建立合作机构。探索与驻在国智库、高校和国际组织等共建境外机构的共赢模式，增强境外机构的国际化程度。

6. 持续推进国际传播能力建设

一是从互联网切入培植国际话语权获取的战略能力。明确什么是文化和旅游领域重要的国际问题，确立中国对文化和旅游领域重要国际问题的定义权和解释权。以创新对外传播方式、完善新兴话语体系、重点争夺新兴领域为目标，将当下最具普遍性、及时性、开放性等传播优势的互联网作为主攻方向，努力争取网上舆论斗争的主动权，打破有理说不出、有话传不开的困局。二是优化话语国际传播的语言形式。话语构建应该尽可能展现中国的文化意蕴，同时又保证能为其他国家所理解。在话语形式的选择上要更加规范，动态适应国际语境，综合考察认知、文化、社会因素，最大限度地避免歧义和消极的词汇联想，有意识地调整语用策略适应语境从而更好地构建国际话语。三是明确我国的国际话语角色。争取明确为国际文化和旅游领域的引领者、变革者和建设者身份，与话语弱势国家构筑话语联盟，形成最大的公约数话语，推动国际话语权改革。四是强化正确设置议题和优化话语主题的能力。依据“人类命运共同体”的理念，增进国际社会对我国文化和旅游发展情况、发展道路和相关政策的了解、认识和理解。设置与我国文化和旅游地位相匹配的话语主题，在资源、商品、服务以及相关的规章体制、经济理念、政策体制等方面持续提出。五是创造更多的主场发声的机会。未来要在具有全球和地区影响的活动主办和承办中积极作为，创造更多主场发声的机会。并且用明确的态度与倾向、畅通的传播渠道、出色的传播能力形成有利的信源合力。借助国际文化和旅游的活动和会议平台，拓展话语的载体。六是优化话语传播的策略。制定文化和旅游领域负面国际舆论回应的预案。先期准备，先期介入，实时调整反馈。在对外传播时，还要注意构建自身和解构对手的“话语平台”并行。引入大数据、人工智能、5G、虚拟现实、区块链等先进技术，发挥这些技术的支撑作用。鼓励新媒体参与，探索新媒体条件下的国际话语交流模式。

7. 推进评估体系建设

构建文化和旅游国际话语权的关键指数。以“传统中国古老文明的文化感召力，现代中国现代化发展过程中的文化创造力，和全球中国在国际治理中的文化公信力”为评价指标，积极主动地构建中国好故事传播指数、中国旅游发展指数、中国旅游的国际贡献指数和中国文化和旅游领域市场主体创新指数等。全过程评估文化和旅游话语权高质量构建成效。关注各种不确定性因素影响，构建动态、灵活的国际话语传播监测系统，实时追踪、计量和调整。

三、学术价值、应用价值及社会影响和效益

为文化和旅游治理体系及治理能力现代化的具体路径和方法提供参考，为习近平文化和旅游思想、人类命运共同体思想的系统化、理论化提供素材。

全面分析文化和旅游国际话语权现状、问题和对策等，为“十四五”文化和旅游发展规划提供直接支撑。

深入探讨文化和旅游国际话语权提升主体、提升动能和限制条件等，为高质量构建提出具体建议。

通过课题研究，已经形成两篇内参和 3 篇文章，为相关方面决策提供了有益参考。

以高校为主体的文化和旅游国际话语权构建模式研究

负 责 人：邱汉琴
依托单位：南开大学
起止日期：2020 年 5 月—2020 年 11 月

一、研究的目的和意义

本课题的研究目的旨在探讨如何发挥中国文化和旅游领域的学术话语力量，在国际社会创造更好的传播语境，获得更多国家的认知与理解，为文化和旅游国际话语权构建做出应有贡献。

中国国家话语权建构面临来自西方国家在政治、经济、文化层面的挑战与削弱，在严峻的全球发展形势和难以避免的保护主义背景下，我国国际话语权构建需要在多个领域同时发力。文化和旅游国际话语权作为国家话语权体系内的构成部分，所处形势与总体局面类似。因此，在当前形势下，对文化和旅游国际话语权的构建，有必要创新思维、拓展路径，挖掘在国际社会上已经具有一定参与和表达权的主体，共同探讨国际话语权建设的可行模式和路径。正如“艰难时局，非一力所能支”，在传统的政治、外交领域努力之外，本课题聚焦于由学术话语权而至国际话语权的建设路径，力求为文化和旅游国际话语权构建的总体工作，激活一支重要力量，贡献一批创新成果，发挥一定积极作用。

二、主要内容、重要观点、对策建议

（一）主要内容

本课题主要包含三个子研究，分别是“文化和旅游学术主体对国际话语权构建的态度与行为”“以高校为主体的文化和旅游国际话语权构建议题研究”“学术国际话语权构建与旅游外交的联动必要性研究”。

1. 文化和旅游学术主体对国际话语权构建的态度与行为

本研究以中山大学旅游学院、南开大学旅游与服务学院为例分别对以高校为主体的文化和旅游国际话语权构建的纵向时间变化（2015—2020 年）、横向现状及问题进行二手资料的收集与分析。识别出高校在文化和旅游领域的国际话语权构建议题的演进、话语权构建的特征与不足。

（1）高校在文化和旅游领域的国际话语权构建议题演进的纵向变化

以中山大学为例，发现近年来中山大学旅游学院在文化和旅游国际话语权构建上主要分为两个阶段：第一阶段为 2015—2017 年，主要从国际化学生培养与合作项目方面构建话语权；第二阶段为 2018—2020 年，学院注重通过国际会议平台发出学者的声音，参与话语权构建的方式从参与国际会议到主办及联合主办国际会议转变。南开大学在国际话语权的时间表征上，具有从与高校或机构合作到国际会议的参与、筹划，再到关注高校教育职能的转变的特征。值得注意的是，在话语内容方面，南开大学从以往的参加会议、发表演讲转向主动搭建学习平台、制作线上双语课程、主办国际会议及发布研究报告。

（2）以高校为主体的文化和旅游国际话语权构建的不足

本研究借鉴前人研究中对国际话语权构建的论述，从国际话语权体系的五个方面着力——话语施行者、话语内容、话语对象、话语平台和话语反馈，对我国以高校为主体的文化和旅游国际话语权的构建内容和现状进行全面梳理和特征提炼，以期发现问题、识别不足并提出切实可行的对策和建议（图 1）。

① 话语施行者方面，以高校或机构为主，学者个人发声不足。以高校为主体的文化和旅游国际话语权的施行者仍以高校或机构层面为主，学者个人层面发声场合较少、频次较少，呈现出自上而下推进的形态。能够在国际平台发声的只有少数学者群体。尽管我国学者的发文数量呈几何级数增长，但是质量参差不齐，尤其是优秀成果较少，且缺乏深层挖掘科学的研究问题的调研深度和理论梳理，未形成扎根中国大地的“理

论—实践”循环。

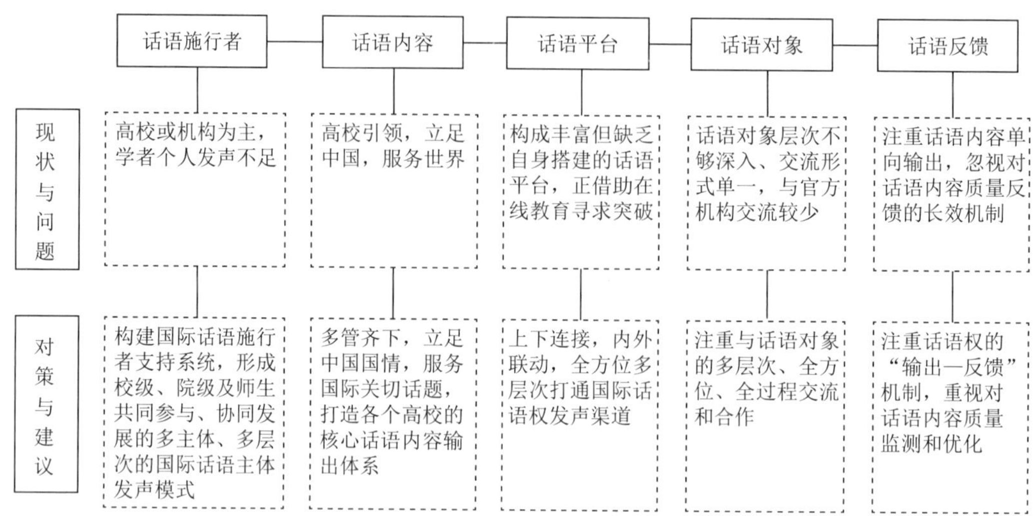

图1　以高校为主体的文化和旅游国际话语权构建的表征总结

② 话语对象方面，话语对象层次不够深入、交流形式单一，与官方机构交流较少。近年来，我国旅游院校除了延续传统的与国际旅游院校进行合作交流之外，逐渐明确了多主体协作、多对象联动的合作方向。但是，我国旅游院校主动参与由政府主导推动的国与国之间的教育合作与交流的活动仍寥寥可数，话语对象面向双边、多边及跨地区的国际交流与合作平台的频次相对较少。

③ 话语平台方面，类型丰富但缺乏自主搭建的有国际影响力的话语平台。目前，文化与旅游类院校参与国际话语权表达的平台构成较为丰富，但是缺乏由自身搭建的具有广泛国际知名度和影响力的话语平台。虽然国际会议和国际期刊等是高校话语权构建的主阵地，但我国文化与旅游类院校举办国际旅游相关会议的经验相对缺乏且内地没有具有国际影响力的外文期刊，这导致我国旅游院校的发声“受制于人”，发声的主题、议题都受到国际会议和期刊主办方的制约。

④ 话语内容方面，注重高校引领，立足中国，服务世界。以高校为主体的国际话语权构建主要体现在四个方面：学术研究、国际会议发言、旅游教育与慕课建设、国际合作。学术研究方面，文化与旅游领域的学者坚持“将论文写在中国大地上”，立足中国，服务世界。近年来，我国高校旅游学者立足我国国情，将旅游研究写在了“旅游扶贫”“乡村振兴”“遗产地可持续发展”“旅游教育”上，也为世界旅游研究和旅游发展提供了中国经验。国际会议发言方面，中国高校旅游学者走出国门，全面发声，

为世界贡献中国智慧。总体而言，可以将中国学者国际会议的发言内容分为：旅游可持续发展、旅游教育国际化、中国传统文化的国际化对话与交流、旅游研究基础理论和国际关切与旅游报告的发布等。旅游教育与慕课建设方面，我国旅游高校的学术水平、人才培养能力和国际认可度不断提高。国内旅游教育也在逐步向国际化发展，以在线课程为媒介，为来自世界各地的学习者了解中国教育、文化和旅游提供了重要窗口，构成了旅游教育话语内容的重要组成部分。同时，国际合作方面，以高校为主体的文化和旅游国际话语权构建模式初步形成。

⑤ 话语反馈方面，注重话语内容单向输出，忽视对话语内容质量反馈的长效机制。中国旅游教育机构目前比较重视话语内容的单向输出，但是却相对忽视话语影响力的反馈。话语反馈不足主要体现在三个方面：一是宣传渠道与方式比较依赖单一的、传统的信息传播方式；二是英文官方网站与社交媒体官方账号的建设和运营未受到足够重视；三是官方渠道及账号的推文与宣传文稿撰写方式较为传统陈旧，仍以图文为主。同时，在国际合作交流和学术会议的话语对象的反馈方面，往往轻描淡写，一笔带过，缺乏活动效果或发声效果的描述、记录、提炼及分析，使得只注重话语单向输出的问题长期得不到改善。

2. 以高校为主体的文化和旅游国际话语权构建议题研究

本部分就我国旅游类院校国际话语权构建议题和建议设计访谈提纲，通过采访国内外旅游院校学者，对采访文本展开议题研究，共梳理出四个概念范畴及八个子主题，四个概念范畴分别是“中国语境”“中国经验”“中国科研”“中国未来”，八个子课题分别是“重塑中国形象”“提炼中国模式”“注重理论构建”“发挥带头人作用”“创新人才培养模式”“加大中国情景研究”“注重青年人才培养”“提升科研资助力度”（表 1）。

表 1　以高校为主体的文化和旅游国际话语权构建议题

主题	子主题	子主题的核心内涵
中国语境	重塑中国形象	• 提高中国旅游产业媒体曝光度 • 利用多元媒介传播中国品牌 • 深度观察和解读中国旅游经济 • 借助互联网传播渠道改变中国形象
	提炼中国模式	• 总结和提炼中国模式发展的亮点 • 从实践中提炼普世价值标准和维度 • 推广全域旅游、“互联网 + 旅游”的创新模式 • 总结管理经验、技术经验

续表

主题	子主题	子主题的核心内涵
中国经验	注重理论构建	•加强与国际学术的沟通与对话 •借助国际范式共同研发中国理论 •挖掘中国情景的学术概念与创新
	发挥带头人作用	•依托学科带头人影响力，提高学术质量 •加强身份认同、强化“华人学术共同体” •加强国内外高校的双向互动 •发展培育新学术联盟和高校联盟
中国科研	创新人才培养模式	•引导人才全面参与旅游产业的创新与发展 •积极培育教育模式创新形态，打造领导者
	加大中国情境研究	•进一步发挥国际学者的桥梁作用 •国际游客在中国旅游消费行为的研究
中国未来	注重青年人才培养	•重视青年学者在人才梯队中的价值 •注重青年学者优良品格和学术责任的培养
	提升科研资助力度	•形成经费来源多元化格局 •优化科研人力资源配比

中国语境方面，受访者一致认为需重塑中国形象、提炼中国模式，认为中国旅游发展模式对国际社会有重要借鉴意义，其中以下三点值得推广。一是低碳旅游模式。中国旅游业正在积极转变自身发展方式，近年来由传统粗放型向集约式旅游经济的转变速度加快，低碳旅游模式推进范围扩大发展，对国际社会普遍关注的绿色发展、可持续发展是宝贵的发展经验。二是全域旅游模式。全域旅游发展模式已初步形成龙头景区带动型、城市全域辐射型、全域景区发展型、特色资源驱动型和产业深度融合型等多种模式。这一发展模式是对国际文化和旅游产业领域发展模式的重要补充，是具有中国特色、世界价值的发展模式。三是“互联网 + 旅游”。“互联网 + 旅游”的融合创新已日益成为中国旅游的业界共识，中国在该领域的发展已领先世界多数地区，具有重要的推广价值。

中国经验方面，受访者认为应加强国际学术沟通与对话，基于国际范式促进中国情景下的新时代理论构建。研究发现，国际学者对于中国旅游消费者的全面画像仍然不足，尤其是对于中国游客的消费心理、行为规律的掌握缺乏客观性和全面性。这要求中国的学者深入研究中国消费群体在国际、国内旅游不同旅游情境下的消费行为差别，并且通过国际学术对话的形式，把中国消费者的文化独特性、消费行为的差异性讲给世界听。在理论构建方面，中国学者们表现出定量研究的倾向，缺乏对于定性研究的进一步掌握。而理论的构建，需要遵循较为严谨的逻辑推理和思辨程序，这种思考范式上的差异对年轻学者提出了更高的要求，要通过系统性地学习西方理论构建的

范式，来讲好中国的故事。值得注意的是，受访者认为，中国学者依然具有独特的优势，在具有中国特色的“红色旅游”“旅游扶贫”等研究课题上表现突出，在互联网及大数据、人工智能等领域的研究的进展已快于西方，中国学者可立足中国大地进行理论构建，加深理解国际范式，并且实现理论建设的突围。

中国科研方面，应通过双向互动方式提升学科带头人的国际影响力，扩大高校的国际话语权。受访者认为，在当前的高校教育体系中，如何更好地提升旅游学科的影响力，形成更大规模的学术共同体，依然摆在各大旅游高校面前。甚至中国旅游业在过去发展中曾遭到一定的污名化，如何破解这些负面影响需要借助学科带头人的力量。通过对访谈文本的分析，学者们认为急需加强对“华人学术共同体”概念的认同，需要国内学者加强国际和国内对话，把中国的故事讲给世界听，且兼顾西方思维进行讲述，从而进一步扩大中国高校的国际话语权。

中国未来方面，应在创新人才培养的教育模式上发力，培养具有家国情怀、国际视野的新时代人才。受访者普遍认同的是，中国的当代教育模式需要新的变革型和综合型领导才能创造条件和能力，以帮助学生面对发展中国家未来的挑战。应注重“走出去”与“引进来”两方面的培养质量，国内学生走出去、提高影响力的同时，鼓励国外留学生来华就读，塑造我国文化与旅游在留学生群体中的影响力，增强话语权。除了学生培养，受访者也认为应加快青年人才培养队伍，给予青年学者足够的支持与鼓励，帮助优秀青年学者进一步提升自身的影响力与传播力度，激励他们积极投身科学研究当中，增强学术使命与担当。受访者也对未来中国在全球治理中的作用提出了自身的观点，认为应提高科研成果的质量，加大对中国情景的研究的同时增加资金支持、形成经费来源多元化格局。

3. 学术国际话语权构建与旅游外交的联动必要性研究

（1）旅游外交的结构与重点主题

本部分首先对旅游外交的结构与重点主题进行了文献研究，并根据旅游外交实践总结了旅游外交的三个层次，即官方外交、半官方外交和民间外交。在“多轨外交”的分析框架下，收集了与旅游外交相关的来自官方政策文件、新闻报道、学术期刊等多渠道的原始资料，运用 LDA 主题分析模型进行了旅游外交实践的主题识别。研究发现，自 2015 年以来，我国旅游外交开展的主要活动和事件可以概括为以下五个主题，分别为：国家关系、国家意识、外交理念、旅游业影响力、文化与形象。基于五个主题，本部分对各主题和旅游外交层次的关系进行了解读。主要研究发现有：

国家关系、国家意识和外交理念是旅游官方外交的重点。旅游官方外交主要包括我国政府与他国签订与旅游相关的一系列政策、战略和协议，以及面向他国公民开展的一系列对外交流活动和合作，服务于国家对外战略需要，如我国在推进“一带一路”倡议、举办“旅游年”活动等对加大政治筹码、塑造国家形象、输出国家文化等均有重大意义。

半官方外交推动旅游业影响力。我国旅游半官方外交主要体现在旅游企业、行业组织和智库等行为主体开展的旅游外交，对于推动旅游产业发展，形成旅游产业品牌，对打造国际影响力起到关键性作用。主要表现形式有举办展览会和文化节，开展旅游培训，以及航空公司开通直飞航线等。

文化与形象在通过旅游民间外交充分体现。随着“一带一路”倡议的推进，近年来，中国与沿线国家旅游合作越来越密切；同时，普通游客成为国家对外交往的友好使者，推进旅游外交逐步深化。但是，一些中国游客的不文明旅游行为，如大声喧哗、举止粗鲁、挥金如土等，破坏了中国在世界范围内提升“软实力”的努力。无论是旅游者个体还是旅游团体在旅游过程中必须牢记自己的“符号”意义，不仅代表了自身，更代表了国家形象，在旅游者相关方面的意识和教育方面应当强化。

（2）高校在文化和旅游领域话语权构建与旅游外交联动的机制

根据旅游外交的结构和主题内容，本研究探究了高校在文化和旅游领域的话语权构建与旅游外交联动的方式与模式（图 2）。

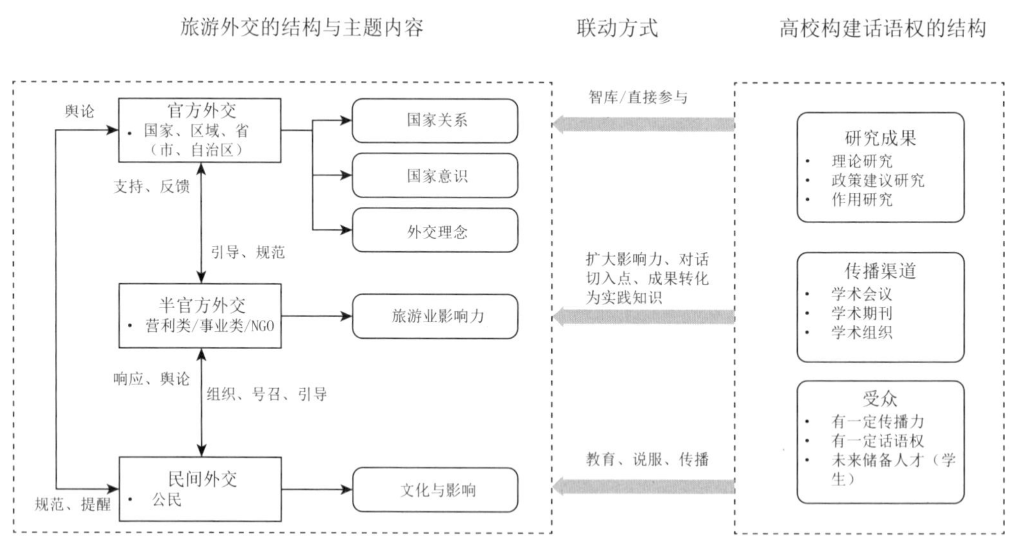

图 2　高校国际话语权构建与旅游外交联动模式

官方外交方面，高校对官方外交的智库作用，可直接参与官方外交，如主办国际

学术会议、参与产学研研讨交流等。一是高校可将研究成果转化为可资开展的旅游外交议题，为官方旅游外交提供智库支持作用。二是高校可发挥在渠道和受众方面的优势，直接参与到官方旅游外交之中。由于高校所具有的持续稳定的平台优势，可以快速直接地参与到旅游外交活动中，并传播和扩散影响力。其中，高校在官方旅游外交中构建国际话语体系的渠道可以有国际会议、旅游论坛、产学研研讨交流等。三是高校借助志愿者服务、人才培养及合作办学等形式服务官方旅游外交，可为旅游外交培养未来储备人才。近年来，体系化的“旅游年活动”为高校服务于官方外交活动提供了重要平台。未来，高校可以承办或协办旅游年系列活动，通过为活动提供专业的志愿者服务以及讲解服务为旅游外交提供支持。

在半官方旅游外交方面，旅游高校通过多样化传播渠道，发挥对话切入点作用，并将研究成果转化为行动指南与实践知识，充实丰富半官方旅游外交途径，提升半官方旅游外交效能。高校借助多样化传播渠道，可扩大中国旅游研究影响力，充实丰富半官方旅游外交途径；同时，高校通过落实国际交流合作基本职能，可发挥对话切入点作用，扩展半官方旅游外交途径；另外，高校通过将研究成果转化为行动指南与实践知识，可增加半官方旅游外交的效能。

在民间外交方面，旅游高校既可以通过对社会大众发挥教育、引导的作用，也可以通过学生交流形成传播影响力。高校通过发挥其教育与培养职能，可对社会大众进行教育引导，增强民间外交的传播力量和效果。高校通过学生交流形成传播影响力，充实民间外交途径，提升民间外交效果。

（二）重要观点

我国文化和旅游事业的国际影响力呈现不断提高和扩大态势，文化消费、文化交流和旅游产业的发展取得了显著性进步。我国当前文化和旅游的国际话语权仍有较大提升空间。一方面，文化和旅游的国际影响地域范围较为集中；另一方面，文化和旅游国际话语传播体系有较大完善空间。本课题认为高校在文化和旅游的发展中发挥着智库咨询、人才培养、文化交流交往的重要作用。在新时代提升国家文化软实力、提升中华文化影响力的核心任务中，高校也被寄予厚望。

本课题提出当前国内学术主体对文化和旅游国际话语权构建尚处于非正式、不自觉状态，正式外交、智库机构、学术单位之间联动机制不完善、不健全，以及学术主体在文化和旅游国际话语权构建中未充分发挥潜在力量的现状。具体而言，话语施行者方面，国内文化与旅游国际话语权构建以高校或机构为主，学者个人发声不足；话语对象层次不够深入、交流方式单一，与官方机构交流较少；话语平台构成丰富但缺乏自建的有国际影响力的发声平台；话语内容注重高校引领，立足中国，服务世界；注重话语内容单向输出，忽视对话语内容质量反馈的长效机制。

本课题发现以高校为主体的文化和旅游国际话语权的施行者仍以高校或机构层面为主，学者个人层面发声场合较少、频次较少，呈现出自上而下推进的形态。而国际社会高度关注中国的低碳旅游、全域旅游、“互联网 + 旅游”等发展模式，以及乡村旅游、红色旅游等中国情境的理论创新，并对中国消费群体在国际、国内旅游不同旅游情境下的消费行为高度重视。

本课题发现围绕高校构建国际话语权与旅游外交的联动中，目前半官方外交的事件多为营利导向，受国家关系和政策的影响明显，缺乏价值中立性组织作为沟通桥梁。高校作为教育类组织，能够在任何的外交形势下发起对话，促进交流、形成持续的话语传播。

（三）对策建议

基于三个子研究的结论和启示，本课题就以高校为主体的文化和旅游国际话语权构建提出 9 项建议，具体如下：

（1）构建国际话语施行者支持系统，形成校级、院级及师生共同参与、协同发展的多主体、多层次的国际话语主体发声模式。一是从学生层面积极培养研究生的国际视野和创新意识，探索“学生—课程—科研—师资”全面双向国际化路径。二是从师生互动层面组建“学术指导共同体梯队”指导体系，全面形成学生培养、学生招生、学生交流的共同指导体系。三是从师资建设方面出发培养国际化师资，从“走出去—引进来”两个角度搭建支持系统。

（2）构建学术话语权应当注重与话语对象的多层次、全方位、全过程交流和合作。在话语对象方面，各文化和旅游高校和科研机构应当丰富话语对象。在与国际政府和国际官方组织交流方面，要着重体现中国高校的责任意识和全球视野。在与国际非官方组织、国际民间组织的对话方面，应当突出中国特色和中国情境，注重个性化、多元化的对话途径。尤其是与国际文旅企业的交流合作，可积极搭建国际化产业实践创新平台，激发学生的创新思维与创新意识转化为创新能力。

（3）多管齐下，立足中国国情，服务国际关切话题，打造各个高校的核心话语内容输出体系。首先，跨区域与跨国旅游高校之间要加强科研合作、资源共享、协同创新，争取联合申报国际组织和协会发布的科研课题。其次，加强教育对外开放与国际

化，探求教育对外开放的可持续发展模式，提升教育国际话语权。最后，在国际会议发言中要传播话语施行主体的核心话语内容。

（4）上下连接，内外联动，全方位多层次打通国际话语权发声渠道。以科研交流“走出去”杰出专家“请进来”为路径实现科研和学术交流，进而建设国际合作平台。以学术交流平台为支撑，以高校、学院或个人为主体加入国际非政府组织、国际与行业协会，构建项目引导的科研合作长效沟通机制。

（5）注重话语权的“输出—反馈”机制，重视对话语内容质量监测和优化。一是传播渠道的多样性，可以利用各式互联网平台，如英文门户网站、微信、Facebook 等。二是注重传播内容的丰富性。三是注重受众体验，提升宣传的及时性、丰富性、有效性与趣味性。

（6）多渠道提高中国旅游产业的媒体曝光度，在多元媒介体系下传播中国旅游品牌形象。第一，增加三四线城市及旅游景点的曝光度。第二，对旅游宣传网页进行专业美化，以有效吸引国际游客眼球。第三，通过媒体进行知识输出，提升中国国民形象。第四，根据不同类型的国际游客，提供个性化旅游服务产品。

（7）总结中国旅游发展模式亮点，从实践中提炼普世价值标准和维度。第一，管理模式输出。第二，技术输出。包括两个方面，一是低技术融入，二是 IT 技术输出。

（8）加强国际学术沟通与对话，基于国际范式促进中国情景下的新时代理论构建。在面对未来国际关系更加多变、更加复杂的情况下，中国不仅要积极推进自身的发展目标，还要投身国际事务，推进世界的发展。

（9）提升学科带头人国际影响力，通过双向互动的方式，扩大中国高校的国际话语权。增加中国游客在海外目的地旅游的研究。增加在海外社交媒体平台分享研究成果。尤其是针对中国消费者的研究，增加向中国学者的学习。

三、学术价值、应用价值及社会影响和效益

（一）学术价值

通过强化高校群体的功能和作用，扩大中国本土化理论和思想在主流国际期刊的关注和影响。促进中国学者自觉总结中国旅游业过去几十年的经验和做法，并帮助国际社会更加全面地了解中国旅游消费市场，进一步依托旅游学者的影响力，让中国旅游声音走出国门，并引导高校学者群体基于中国情境，借鉴西方理论构建的范式，提

高中国知识输出的质量，实现新时代学术研究的理论突围，自觉为世界贡献中国智慧。

（二）应用价值

指导高校参与国际对话，塑造新时代中国外交新力量。以高校为主体的学术力量作为参与国际话语权构建的重要力量之一，未来的主要职能是参与国际规则基本概念的定义权、核心内容的提供权、主旨话语的解释权、话语标准的制定权、话语议题的设置权、话语议程的主导权、话语争议的裁判权。高校可以发挥在渠道和受众方面的优势，直接参与到服务官方旅游外交之中，并结合中国高校各自的学科特色，借鉴国际经验推行新体制与新方法，总结中国高等教育模式，通过多方参与塑造未来的国际“领导者”。

（三）社会影响和效益

引导高校作为核心力量，调动中国本土学者和海外的华人学者的积极性，强化“华人学术共同体”，增强中国高校在国际文化和旅游领域的学术话语力量。使该群体通过国际社会创造更好的传播语境，获得更多国家的认知与理解，为文化和旅游国际话语权构建做出贡献，促进国际旅游提供商对中国旅游消费模式的理解和适应，并在国际目的地的景观塑造、文化和旅游服务方面塑造中国特色，扩大中国国际影响力。

旅游导向下乡村文化传承模式及建设路径研究

负 责 人：孙九霞
依托单位：中山大学
起止日期：2020 年 5 月—2020 年 11 月

一、研究的目的和意义

（一）理论意义

（1）聚焦具有类型学意义的多元案例，衔接乡村文化传承理论与实践。
（2）关注旅游导向下乡村文化建设路径，丰富旅游文化效能的过程与机制研究。

（二）实践意义

（1）通过文化建设路径推动乡村振兴战略实施，提高乡村文化软实力。
（2）区分文化传承模式，为旅游推动乡村文化复兴提供针对性方案。

二、主要内容、重要观点、对策建议

（一）主要内容

1. 旅游社区乡村文化传承模式比较研究

（1）从族群类型、文化传承主体与内生动力、旅游发展模式、社区参与程度及组织统筹、社区共同体类型等层面展开对比分析，探讨上述因素对乡村文化传承的影响过程与结果。

（2）对比自上而下发展的明月村与自下而上发展的大落水村，分析旅游发展模式的影响。

（3）对比强参与的大落水村、中度参与的明月村及弱参与的寺登村乡村文化传承实践与效果，分析社区参与程度的影响。

（4）对比地域共同体大落水村、跨社区共同体明月村的文化传承实践，分析社区共同体类型差异的影响。

（5）对比案例地乡村文化传承实践变迁过程，分析总结旅游发展对不同模式乡村文化传承的影响。

2. 旅游社区乡村文化建设路径研究

（1）寻找乡村文化建设动力机制。分析政府、NGO、旅游移民等外源力量与本地居民的文化自觉、文化认同等内生力量对乡村文化建设的作用。

（2）构建旅游发展导向下乡村文化建设路径。以乡村文化凝聚力与文化活力为文化效能的衡量指标，分析各因素作用机制，构建旅游发展导向下乡村文化建设的路径机制。

（3）从物质文化、精神文化、制度文化、特色产业、民族融合、社会治理和旅游发展七个方面对传统村落的文化复兴进行讨论，并提出加快传统村落乡村振兴的政策建议。

（二）重要观点

1. 相较于其他产业，旅游发展是推动乡村文化建设更加有效的路径

相较于其他产业，旅游作为“软”现代性力量，生产消费“同时”“同在”于乡村。既可在时间上衔接传统与现代，空间上勾连地方与全球，又能重聚文化建设主体，释放居民自主性，构建内外力量的互动场域，依赖旅游循环凝视实现乡村文化修复，使乡村文化传承与发展成为可能。多主体参与使乡村文化传承产生多种适合不同类型乡村的独特有效模式。

2. 地方精英实践与后地方共同体建构，是旅游社区乡村文化传承力量与建设结果

旅游通过塑造多元主体的共同地理、文化认同构建后地方共同体；后地方共同体利于促进文化传播和融合。旅游发展刺激地方精英主体性成长，地方精英亦凭借向上对接政府、向下沉入民众生活的双重“文化身份”，融合地方性、文化性、空间性与主体性，推动地方文化传承与建设。

3. 旅游乡村文化建设实质上是本土文化的现代性实践，是“本土现代性”的表征

旅游发展将乡村文化卷入“去地方化”的现代性抗争，也依赖地方性知识及主体韧性与西方现代性互动、协商、妥协，文化从多个面向、以不同方式实现传承与发展，实现文化的“再地方化”，是本土现代性的实践过程。

（三）对策建议

党的十九大报告提出实施乡村振兴战略，这为传统村落的文化保护与建设提供了新的路径和重要契机。本课题从物质文化、精神文化、制度文化、特色产业、民族融合、社会治理和旅游发展七个方面对传统村落的文化复兴进行讨论，并提出加快传统村落乡村振兴的政策建议。

1. 加强物质文化保护，促进传统村落有序发展

文化振兴应该是“振”与“兴”的有机结合，振兴的基础是文化表征的选择性保留与再创造。物质景观是村落最直观的文化表征，传统建筑破败、村落物质文化符号丢失引发了传统村落的文化衰落，因此，对传统村落聚落景观的保存、修复、还原是实现乡村振兴的第一步。物质景观是村落文化的重要符号，加强物质文化保护有助于营造村落的“时间感”与“空间感”。

地方政府在保护与修复传统村落物质文化景观时，应根据实际情况编制具有地域特色的乡村振兴战略规划，既突出传统村落的个性特点，又彰显地域文化特色。强调“规划先行、文化引领”，制定“一地一规划”“一村一方案”的传统村落物质文化修复方案。各级政府部门要加大对乡村建设的公共财政投入力度，进一步加强乡村道路、水电、网络通信等基础设施建设，并为传统民族建筑及服饰等的传承、保护乃至抢救提供财政支持，从而实现民族地区传统物质文化的复兴。

2. 强化精神文化引领，推动传统村落活态传承

相较于物质文化，精神文化具体表现为宗教、信仰、审美、仪式、文学和艺术，是人类在创造物质文化的过程中，认识、改造、适应和控制社会环境所取得的成果。传统村落的精神文化根植于村落共同体，通过信仰、节庆、仪式活动等得以体现，与乡村意义的构建紧密相连。精神文化复兴能够重新凝聚“村落共同体”，并通过社区居民的日常实践在现代与传统的二元对立中重新寻找到村落精神文化的定位，在不断的调适中传递新的共识。

传统村落精神文化的复兴，对于推动传统村落活态传承具有重要意义。在精神文化建设的过程中，应充分尊重不同村落文化的多样性和差异性，结合时代背景和现实发展需要，从民俗活动、宗教祭祀、禁忌规约、传统手工技艺、非物质文化遗产、民族民俗文化传承人等多方面，着力保护、传承乡村传统文化，弘扬其精神内涵。整合村民、传承精英、政府三方力量，促进传统村落非物质文化传承，实现精神文化复兴。同时，要注重新时代乡风文明建设，将传统村落的精神文明建设与社会主义核心价值观相结合，通过传统文化与现代文明的有机衔接，实现发展与保护传承并重。

3. 加快制度文化建设，发挥社区内部主体作用

制度文化是人类为了自身生存、社会发展的需要而主动创制出来的有组织的规范体系。广义上，制度文化包括社会组织、政治和法律形式、伦理、道德、风俗、习惯、语言、教育等规范文化。制度文化创新实践是一种内生性的、深层的文化复兴形式，内生性力量贯穿于乡村发展过程中，使强有力的社区主体实践在延续社区公平、互惠的传统文化理念的同时，促进传统村落的可持续发展。

缺乏社区内部主体性是传统村落的发展困境之一，因此，应加强制度文化建设，充分发挥村民的主体作用，使村民以主人翁姿态，积极地参与到乡村建设中。改变“自上而下、一刀切”的管理模式，保障村民的知情权、话语权和监督权。建立村民自发保护机制，调动村民创造性，为村民赋权，推动乡村自治组织建设，使传统村落重新焕发活力。建立健全“政府主导、专家参与、村民受益、社会协作”的传统村落制度文化体系，将传统村落建设与地方经济社会发展紧密结合起来，完善资金、用地、技术等支持政策和实施细则，以制度保障传统村落的保护与发展。

4. 文化引领乡村振兴，因地制宜发展特色产业

乡村振兴的关键点在于产业振兴。传统村落因地理条件不同可分为山地型、街巷型、河谷型等多种类型，不同类型的传统村落具有不同特点和优势。民族文化的保护与传承也是乡村发展过程中需要重视的关键性问题。各地要着眼于地域条件、文化特征、资源禀赋，采取差异化的保护措施和发展模式，倡导“因地制宜、分类保护、分级管理”，大力挖掘传统村落原有的文化特色，以文化复兴引领乡村振兴。例如，弘扬挖掘本民族传统文化技艺、民俗活动，发展文化生态旅游等产业；或依托山地独有的生态景观、自然资源，发展高原特色农业。通过农产品的优化、现代化管理方式及市场的拓展，辅之以传统手工技艺的开发传承，大力发展农民专业合作社，利用“互联网+”，不断提升少数民族传统村落特色产业的规模和效益。

在发展乡村特色产业时，要充分考虑村民的现实需求，重视吸引年轻人参与村落发展，将传统文化融入日常生活中，实现传统要素和现代功能的有机结合，让原住民“愿意住、留得下、过得好”。同时，鼓励外出村民回流，使更多的青壮年劳动力留在

乡村，既能在自家门前实现经济价值，又能凝聚人心，促进传统村落的全面振兴。

5. 坚持共建共治共享，实现少数民族融合发展

党的十九届四中全会提出，要坚持和完善共建共治共享的社会治理制度，保持社会稳定、维护国家安全。传统村落乡村振兴的目的是实现生活富裕、产业兴旺，并使人人参与其中，人人尽力贡献，人人享有成果。因此，在传统村落保护与发展过程中，应坚持共建共治共享原则。例如，在发展乡村旅游业的同时，要考虑少数民族传统村落及当地居民的可持续发展，合理评判乡村旅游的方式，依托本地少数民族族群，注重参与和体验，尽量规避市场和企业主导旅游发展的主流发展方式。围绕少数民族群众的切身利益，致力于环境提升与生活改善，让发展成果惠及更多的村民，使其在传统村落发展过程中彰显其自身的功能和作用，实现少数民族族群的融合发展。

6. 形成有效的社区治理机制，助力传统村落发展

社区治理的模式涉及政府主导型社区治理模式、地方精英推动型治理模式、社区主导式的治理模式和多元主体共治的治理模式等。政府主导型社区治理模式多适用于还处于发展初级阶段或者对保护要求相对较高的村落。这些村落自身的发展力量薄弱，且保护与发展需求之间存在矛盾，难以吸引企业等外来资本的投入。地方精英推动型社区治理模式，能够促进民间文化精英的主位视角推动对非物质文化遗产的传承与保护，并且在社区精英的推动下带动社区居民共同享受发展的红利。不足之处在于，社区精英推动下的社区发展治理，通常难以获得制度和政策等方面的支持且利益分配向社区精英方向倾斜，容易激发社区内部的矛盾，不利于公平发展。社区主导型治理模式的核心是向社区赋权，社区在政府或外界其他部门的帮助下进行自我决策、自我组织、自我管理、自我监督以及自我受益的发展方式。多元共治型治理模式指传统村落的社区治理不再局限于政府治理或民间治理等单一模式，形成了如政府和村民的共治、政府和企业的共治、第三方组织和村民的共治等多种形式。

传统村落的社区治理模式选择、实践过程和结果受到外在结构性条件和内在基础的共同影响。在选择社区治理模式时，应从宏观层面考察社区治理发生的社会背景、历史条件以及现实处境，从微观层面，应关注村落各类行动者的社会生活、事件互动和生活逻辑等，因地制宜，选择适合传统村落传承发展的社区治理模式。

7. 适度开发旅游，助力乡村振兴

旅游发展会对传统村落的经济、社会、文化、生态等诸多方面产生影响，其在传统村落文化传承与建设中的作用既有积极的一面，但也不可避免地会产生一些负面影响。因此，应审慎地对待旅游与传统村落发展之间的关系。实践证明，适度的旅游发展能够有效促进传统村落文化的复兴与传统建筑的保护和更新，但这个过程中需要重视地方政府的规划和引导作用，发挥地方政府的建设职能。旅游发展与民族传统文化、传统手工业发展相互促进，但过度发展旅游或盲目对接旅游，也可能破坏地方的文化传统，使得旅游与手工业相离发展。同样地，旅游发展中被挖掘并开发为旅游资源的传统得以传承和发展，未被挖掘的或功能性较弱的传统则日渐式微；进入传统村落名录的村落得到了相应的政策保护，而未进入名录的村落却未受到相应的关注等种种我国村落发展所面临的严峻问题也亟须多方主体的关注。

三、学术价值、应用价值及社会影响和效益

（一）学术价值和应用价值

1. 学术价值

（1）方法创新：采用多案例研究，关注旅游在彼此独立的案例中的文化效能，从不同层面透视旅游影响，得出旅游发展与乡村文化建设间关系，避免单一案例“散点论述”方式的方法局限。

（2）内容创新：以旅游为推动乡村文化建设的外生力量，关注旅游导向下乡村文化建设路径，总结文化传承模式，从过程机制角度研究旅游文化效能，具有补充意义。

2. 应用价值

（1）探索旅游导向下乡村文化建设路径，通过地方实践研究反哺乡村振兴战略和相关政策建议调整。

（2）成功或优秀案例解读亦可为文化建设中的乡村提供借鉴指导。

（二）社会影响和效益

本课题研究成果共10篇，其中，多篇文章发表于《地理学报》《旅游学刊》《地理研究》《开放时代》等国内高水平核心期刊。此外，研究成果《传统村落保护运动中的国家自主性衰减》被中国社会科学采纳为内部文稿，取得良好的社会效益。

推进邮轮旅游高质量发展的机制与路径研究

负 责 人：叶欣梁
依托单位：上海工程技术大学
起止日期：2020 年 5 月—2020 年 11 月

一、研究的目的和意义

随着我国居民消费加快升级，旅游消费方式从观光游到观光、休闲度假并重转变，对高品质旅游的需求日益增大，推动邮轮旅游规模增长。邮轮旅游作为大众旅游新业态，已经成为我国旅游业发展的重要组成部分。2020 年本是中国邮轮旅游由调整期向稳健回升的转变期，是中国邮轮旅游向高质量发展再迈进的新阶段，是中国邮轮经济全产业链全面发展的重要之年，也是高质量建设中国邮轮旅游发展示范区的开局之年。但受到新冠肺炎疫情的影响，我国邮轮旅游业受到严重的冲击，对我国邮轮旅游发展带来巨大的挑战。

以邮轮旅游高质量发展路径和方法为研究对象，立足于国家战略和旅游业发展新趋势，研判新冠肺炎疫情下我国邮轮旅游业内外部环境、产业特征，基于邮轮旅游发展规律，集成多个学科理论，基于文旅融合推动邮轮旅游高质量的发展，优化邮轮旅游出入境客源结构，实现邮轮旅游高质量发展路径和方法创新，推动我国邮轮旅游业高质量发展，提升邮轮旅游产业对区域经济发展贡献，为我国旅游业发展注入新动能。

二、主要内容、重要观点、对策建议

（一）主要内容

本报告分为七个部分：第一部分对全球邮轮旅游发展进行形势分析，涵盖新冠肺炎疫情对邮轮旅游发展的影响；第二部分对我国邮轮旅游发展的形势分析，从而对我国邮轮旅游发展情况有全面的把握；第三部分对我国邮轮旅游发展瓶颈进行分析，认识限制邮轮旅游高质量发展因素；第四部分对国内外邮轮旅游发展模式进行对比，为推动我国邮轮旅游高质量发展提供更好的借鉴；第五部分对我国邮轮旅游发展潜力进行分析，从而对我国邮轮旅游未来发展有更深认识；第六部分构建我国邮轮旅游高质量发展驱动机制；第七部分提出我国邮轮旅游高质量发展实施路径对策，从加强邮轮市场培育、完善标准体系、邮轮旅游产品创新及促进入境旅游发展等方面提出路径建议。

（二）重要观点及对策建议

1. 新冠疫情后提振邮轮旅游市场发展信心

这次疫情将对全球邮轮旅游公共卫生管理产生较大的影响。受到本次疫情的影响，尤其是邮轮停航、“钻石公主号”邮轮疫情等新闻的传播，使得部分游客对邮轮的安全性产生担忧。虽然疫情逐步消散也使得邮轮出现疫情的可能性大大降低，但也会影响邮轮旅游的市场需求，使得游客选择相应的替代品或是延期选择邮轮旅游，这对于邮轮旅游市场的恢复较为不利。从长期来看，疫情对邮轮旅游发展的影响只是暂时的，随着疫情的消散，游客对邮轮旅游的需求依然会逐步恢复，这就需要一定的时间自我修复，不断提振市场的信心和增加游客的安心。要系统制订邮轮旅游业振兴计划，充分整合、调动行业及平台资源，助力邮轮旅游企业有节奏地开展线上线下宣传推广活动。对于邮轮出行进行正面的舆论宣传和引导，减少市场和客户对于疫情防控期间关于邮轮的负面报道而产生的恐慌，同时扩大宣传各邮轮公司近期对于中国市场的投入和新船部署计划，提升市场消费信心。

加大对邮轮防疫安全性的宣传，尤其是做好疫情后邮轮恢复首航新闻的宣传推广。相关政府部门要通过官方渠道加大对邮轮安全性的宣传，同时邮轮公司也要通过多种渠道让游客对邮轮上的安全设施和措施有更多的了解，并且让游客对邮轮公司在应对防疫过程中所采取的改进措施有更多的了解。加大对分销旅行社销售人员相关邮轮安全知识的培训，以便能够准确地向游客介绍邮轮的安全性，更好地提升游客对邮轮安

全的信心。通过对销售人员的宣传，可以进一步提升邮轮销售人员的专业性，对于更好地促进邮轮销售具有重要的作用。

2. 加强中国邮轮旅游市场培育力度

当前，中国旅游业正在经历深层次结构性的重大转变，从高速增长阶段转向高品质发展阶段，邮轮旅游业也逐步向高质量阶段转变。要深刻认识国际邮轮旅游发展的新趋势和新需求，强化有效供给和高质量供给，增进人民群众对美好生活需求的获得感和幸福感。虽然我国邮轮旅游客源量高峰期达到 240 万人次，但其文化培育力度依然处于低层次水平，而邮轮文化的培育离不开邮轮文化的宣传推广，让更多的游客认识到邮轮文化的实质内涵，从而对邮轮旅游有更深入的认识。只有邮轮文化得到广泛的传播，加大对内地市场宣传推广，需要运用全媒体的形式让更多的游客对邮轮旅游有更深度的认识，邮轮市场才可以逐步提升市场渗透率和复购率。

邮轮文化的传播要进行国内外的广泛宣传，尤其是加强对海外旅游市场的宣传，让更多国外游客充分认识到中国邮轮旅游的魅力和旅游目的地的魅力，才可以更好地推动入境旅游的发展，提升入境旅游消费，让世界游客认识中国的魅力。要充分发挥政策优势，进一步扩大免签政策适用区域，延长免签时间，让入境游客可以充分地游览。充分发挥各类传统媒体及新媒体的影响力，加大邮轮旅游目的地的海外推介力度，吸引更多国外游客来中国乘坐邮轮，推进“邮轮 +”模式的发展，鼓励国内旅行社等设立国外推广或分支机构，加大对国内外旅行社奖励力度，做大中国邮轮市场。

3. 建立中国邮轮旅游发展实验区及示范区标准体系

2012 年 9 月，经国家旅游局批准，在上海市宝山区以吴淞口、虹口区以北外滩为中心设立首个“中国邮轮旅游发展实验区”，开启“中国邮轮旅游发展实验区”建设的先河。提出要在政府的统一规划下，通过中国邮轮旅游发展实验区的平台，在推进完善邮轮产业政策体系、提高母港建设和管理能力、提升邮轮产业及服务品质、培育本土邮轮服务力量、扩大邮轮经济产出水平等领域探索试验，学习借鉴国内外先进经验，同邮轮旅游城市与企业积极配合，为全国邮轮旅游发展不断创造和累积经验。上海作为中国首个邮轮旅游实验区，率先探索推行的 144 小时过境免签、15 天入境免签政策实施，已经实现创新境外邮轮物资船供邮轮监管模式、推进“单一窗口”邮轮项目建设，提升邮轮口岸通关服务、优化邮轮经济营商环境等方面的创新，引领中国邮轮港口服务标准建设。

一是建立中国邮轮旅游发展实验区验收认定系列标准体系。2012 年建立首个中国邮轮旅游发展实验区以来，全国已建立 6 个邮轮旅游实验区，时隔 8 年，可以对其发展成果进行验收认定。邮轮旅游实验区的发展就是要不断对接国际邮轮经济发展惯例，强化邮轮经济政策研究，探索国际邮轮经济发展规律，加强邮轮经济政策创新，推动我国邮轮经济制度创新向纵深推进。并开展各种形式的创新试点，形成具体的实施方案，推动中国邮轮经济政策与体制创新。

二是建立中国邮轮旅游发展示范区创建及验收标准体系。设立中国邮轮旅游发展实验区的邮轮城市，率先建立较为完善的邮轮旅游产业发展体系，对全国邮轮经济发展起到重要示范作用，为进一步提升中国邮轮旅游市场能级，落实高质量发展要求，为中国邮轮旅游业发展发挥改革引领作用，建议试点建立中国邮轮旅游发展示范区，打造邮轮经济高质量发展全国样板。

4. 建立邮轮港及邮轮游客服务评级标准

随着我国经济社会发展，人们的消费能力更高，对美好生活的需求更加强烈，对休闲旅游的需求也迈向高层次，邮轮旅游是人们出游旅行的重要选择。未来中国有望成为全球前三的国际邮轮旅游产业中心，因此在“质”上，中国邮轮旅游产业的发展，就是要对标最高标准、最高水平，推动邮轮经济高质量发展，塑造邮轮旅游高品质生活。游客对邮轮旅游产业的感受和期许，包括港口体验、邮轮体验、目的地体验等方面，这也是中国推动邮轮旅游产业高质量发展、塑造邮轮旅游高品质生活的重要切入点。

一是文化和旅游部从全国角度建立邮轮港游客服务星级评定标准，进一步推动邮轮港游客服务的高质量发展。邮轮港游客服务是当前我国居民出境旅游服务的重要组成部分。目前，我国在使用的邮轮港口共15家，其中邮轮专用码头8家，游客在邮轮港口的体验和满意度是体现邮轮旅游高品质生活的关键节点。而当前并未建立邮轮港口游客服务的评级，使得游客对邮轮港口服务的总体认知和邮轮港对自身游客服务的认知和定位都不是十分清晰，邮轮港游客服务的发展方向也不够清晰。因此需要从全国角度建立邮轮港游客服务评定标准，推动邮轮港游客服务高质量发展。

二是建立母港邮轮服务评级标准。从邮轮体验来说，游客期待邮轮要“新”、要“大”，船上体验要“好”。在经历中国母港邮轮10多年的发展之后，游客对邮轮产品的要求也在不断地提升，希望国际邮轮公司将世界上更大更新的邮轮投放中国市场，带来更加具有现代风格的邮轮体验。为了控制邮轮旅游产品的质量，维护中国邮轮旅游市场的国际形象和品牌影响力，以及更好地保护游客的合法利益，需要制定邮轮评价标准，建立邮轮评价分级制度。当前中国邮轮市场价格体系较为混乱，游客对各个层次的邮轮缺乏深度的认知，通过构建系统的指标体系模型对在中国运营的母港邮轮

进行分类评级，就如酒店业对酒店建立星级一样。游客可以更好地对邮轮产品进行选择，提升游客对不同等级邮轮产品的认知度，使得游客在选择高星级邮轮时愿意支付较高的价格，实现价格与价值的匹配。

5. 推动国际多母港邮轮旅游发展

旅游外交作为国家外交的重要组成部分，更有弹性、更加灵活、更加植根于民众。多母港邮轮旅游将更好地发挥邮轮旅游外交的作用。当今，在世界舞台上中国游客不断展现中国风采，向世界持续传递中国声音，为世界带去中国微笑。旅游外交已成为发出中国声音、讲好中国故事、加强与世界联系的重要平台和中国对外交往合作的重要内容。邮轮旅游具有高度的国际性和文化融合性，“中日韩”互为母港邮轮旅游的发展将改变原来一艘邮轮之上绝大部分为中国游客的现象，推进“中韩日”邮轮游客的交流，将更为良好地推动中日韩民间文化的交流，传递中国良好的文化形象和国际地位。

通过互为母港邮轮旅游的发展，将在“亚洲邮轮港口服务标准联盟”的基础上更好地推进中日韩邮轮旅游的国际合作，加强在政府、行业协会等官方与非官方的合作，更好地发挥邮轮旅游在旅游外交中的正向推动作用和国际影响。多母港邮轮航线主要体现在同一邮轮航线上的港口互为母港、同一邮轮游客来源多元化、游客上下船的自由度显著提升、岸上旅游目的地更加丰富、同时促进出境游和入境游等典型特征。“中日韩”互为母港邮轮旅游在船型选择方面，不再选择目前在中国市场运营成熟的邮轮，而是选择具有明显特色化的邮轮品牌，提升对游客的吸引力。“中日韩”互为母港的邮轮旅游将有力地推动区域经济的发展，更好地促进邮轮入境旅游的发展，来到中国开展旅游观光、消费等，更好地促进入境旅游的发展。

一是推动中日韩邮轮港口合作，建立多母港航线合作协议；二是促进多母港出入境政策协调，简化多母港邮轮旅客出入境检查流程，实现信息和数据的协同共享；三是推进多母港邮轮产品创新，在特种邮轮的基础上，根据中、日、韩等国邮轮游客共同喜好，进行更多的设计，提高差异化水平；四是加强多母港邮轮旅游规划研究，完善体制机制建设。

6. 加快我国邮轮入境旅游发展

有效整合我国各邮轮旅游城市丰富的旅游资源，加快推动邮轮旅游目的地建设。加大我国作为邮轮旅游目的地的宣传推广力度，形成我国邮轮旅游目的地国际品牌吸引力。推动“空水联动”“水水联动”的邮轮旅游模式发展。借助国内外旅游推介会、展览会，加大向世界推介我国邮轮旅游的力度。发挥特色旅游资源优势，携手打造世界级旅游目的地。推动邮轮旅游城市整合当地及周边的旅游资源，围绕区域城市群开发邮轮旅游特色产品，拓展高端主题产品，将邮轮旅游大范围、广纵深地融入区域旅游生态系统中，提升邮轮旅游发展效益。探索对组织国外游客开展入境旅游的国际邮轮公司及国外旅行社奖励机制，进一步优化国际客人在我国邮轮旅游城市换乘的签证便利政策，促进邮轮入境游市场发展。拓宽入境旅游营销渠道，加快布局境外宣传营销渠道，通过政府购买、委托代理等方式，在境外建立邮轮旅游城市旅游形象推广中心（点）。

三、学术价值、应用价值及社会影响和效益

本课题从理论上总结我国邮轮旅游业发展环境、集中矛盾和未来趋势，揭示我国邮轮旅游业系统驱动因素、分析驱动路径、构建动力系统、探明驱动机制、构建开发模式，对于丰富旅游经济学、区域旅游规划等理论内涵具有重要理论意义。当前我国邮轮旅游以出境旅游为主，而入境旅游发展缓慢，应提升邮轮旅游对国内外游客的吸引力，优化我国邮轮市场供给结构，促进邮轮旅游高质量发展，从而推动我国邮轮旅游成为旅游业高质量发展新亮点。

2020年文化和旅游宏观决策课题

——一般课题

澜湄跨境自驾旅游区合作建设研究

负 责 人：王 桀
依托单位：云南大学工商管理与旅游管理学院
起止日期：2020 年 5 月—2020 年 11 月

一、研究的目的和意义

（一）研究目的

本课题的主要目的是探讨澜湄跨境自驾旅游区合作建设的基础条件、形势研判、影响预期，以及推进思路和建设措施，为解决澜湄地区旅游发展和跨境旅游合作提供决策依据，最终实现澜湄地区旅游合作发展的目标。围绕该目的回答三个问题：

（1）梳理澜湄地区跨境自驾旅游的资源条件，对发展条件进行分析；

（2）谋划澜湄跨境自驾旅游区的建设目标和整体布局；

（3）探讨澜湄跨境自驾旅游区的影响和建设措施。

（二）研究意义

澜沧江—湄公河流域旅游资源极其丰富，随着“一带一路”倡议及 RCEP《区域全面经济伙伴关系协定》签署，为澜湄跨境自驾旅游带来了空前的发展机遇。因此，本课题研究意义主要体现在三个方面：

（1）有利于为澜沧江—湄公河地区摆脱贫困走向富裕、实现稳定和平，提供新视野和新启示。

（2）有利于科学布局自驾线路产品与生态环境的关系，为区域发展提出适宜的战略定位、旅游形象和发展方向。

（3）有利于解决跨境旅游合作失调问题，为澜湄旅游城市联盟的管理机制带来新的工作抓手和希望。

二、主要内容、重要观点、对策建议

（一）澜湄跨境自驾游发展基础及形势研判

跨境自驾旅游具有异域风情突出、资源类型丰富、景观立体多样等特点，对边境旅游和跨境合作将产生重要影响。本课题首先将对区域内的基础条件进行整理、汇总、分析和评价，具体包括：

1. 发展基础

发展基础是打造跨境自驾旅游区的基本条件。“澜湄跨境自驾旅游区”的发展基础表现为：①澜湄自驾游市场广阔。国内自驾比重增长快速，出境自驾比重爆发增长，自驾游客群体日趋丰富，东南亚自驾满意度极高；国际自驾游已成为常态，但东南亚尚未发展为流行旅游目的地。②国际公路连通东南亚。近几年，澜湄区域公路基础设施水平不断完善，但不同国家间仍存在较大差异；澜湄区域内初步形成纵横交错的公路网，国际公路建设取得显著成效；澜湄国家对于公路的建设不断加强。③重要城市构成服务点。首先，国际机场具备租车服务条件，其次，旅游城市提供酒店接待服务，澜湄地区的酒店和宾馆注册量超过45000家，拥有超过130万间客房。④边境口岸形成集散地。边境口岸与重点公路的高连通度；边境口岸城市良好经济发展基础；陆路边境口岸形成旅游集散地。⑤地理空间造就差异性。域内五条河流景观荟萃；四级地势形成立体景观；诸多自然文化遗产汇集。⑥水陆空联运复合交通。澜湄区域以澜沧江—湄公河国际航道为主；中国出境进入金三角地区旅游航道通畅；澜沧江湄公河航运港口具备陆路航道联运。⑦多样化合作奠定基础。澜湄合作机制为区域发展注入新动力；澜湄水资源合作机制为区域发展奠定基础；澜湄旅游城市联盟为区域旅游合作提供重要平台。

2. 形势研判

机遇大于挑战，表现为：①东南亚地区发展势头强劲。全球经济疲软东南亚地区稳步发展，自2000年以来东南亚GDP整体呈现上涨趋势，2008年全球爆发经济危机，经历短暂停滞后2010年开始迅速增长；东南亚地区入境旅游态势火热，东南亚地区的入境旅游持续稳定增长，且客源市场基本稳定，主要客源仍是东盟区域内成员。

②“一带一路”和 RCEP 助推澜湄合作。“一带一路”南线建设成效显著，2013 年以来，共建“一带一路”倡议在世界范围内成果显现，并在南线与中南半岛的合作中，收效显著；中国加入 RCEP 进一步深化澜湄区域经贸联系，对于整个亚太地区来说，RCEP 都意味着巨大的商机。但是，非均衡影响形成较大挑战。主要表现在地区间不平衡及政治环境不稳，大国间地缘政治博弈潜藏风险。

（二）澜湄跨境自驾旅游区推进思路

1. 总体思路

围绕“一个目标、三大示范、四大突破”推进，一大目标为建设成为国际著名跨境旅游目的地，三大示范包括“一带一路”互联互通示范、国际生态文明示范、无障碍旅游区示范，四大突破为突破澜湄非均衡发展态势、突破“机制拥堵”化解纷争、突破地区非传统安全威胁、突破跨境旅游无序发展困境。整体布局。首先，依托澜湄地区高等级公路，可重点打造“两横三纵”独具特色的自驾游线路。两横为仰东跨境生态自驾线路、丹归跨境文化自驾线路。三纵为昆曼国际自驾线路、沿湄公河跨境自驾线路、中越沿海跨境自驾线路。其次，依托国际机场形成旅游集散站点。在澜湄跨境自驾旅游合作区内，可以 9 个城市、10 座国际机场形成覆盖六国的旅游集散站点网络。最后，依托航运港口形成水陆联运通道。澜湄区域内五条主要河流占据东南亚大片水域，纵横交错的航道给澜湄国家带来许多天然的码头，形成多个优质国际港口，而上湄公河航段最为通畅，具备开通旅游航道的条件。由此依托上湄公河航道上的会晒港及昆曼公路形成“澜湄水路 + 昆曼公路”水陆联运通道。

2. 影响预期

①跨境自驾游促进地区互联互通。一方面，跨境自驾需求促进经济要素流动，促进地区互联互通；另一方面，促进配套旅游服务设施与基础设施的建设合作，有助于地区实现互联互通。②无障碍旅游化解地区矛盾冲突。澜湄国家是无障碍旅游的主体，国际合作缓解政治关系矛盾、化解国家间利益冲突。③一程多国游强化民间文化交流。通过澜湄自驾游，游客能体验到中、老、缅、泰、越、柬六国不同民族的文化，领略异域风情，形成不同的旅游体验和旅途感悟。④房车营地游树立生态文明形象。六国携手合作的前提下，对生态环境保护的认知能够得到统一、措施能够得到完善、所需资源也可从多方调动，澜湄区域的生态环境保护水平能够更上一层楼。⑤一体化合作方式维护地区和平。澜湄跨境自驾旅游区的建立需要通过一体化合作方式加强各国间联系，打破国家间条块分开、各自为政的状况。⑥一站多程游促进旅游经济发展。依

托澜湄旅游区域内丰富的旅游资源和天然的水陆联运条件，吸引游客对该区域进行二次体验或多次体验，增加重游率，以此来增加旅游收入。

（三）澜湄跨境自驾旅游区建设措施

1. 确定中国主导地位

①云南是中国面向两亚辐射中心，云南省已经制定了“两核、一极、六廊”的开放布局，依托“八出省五出境”铁路骨干网、“七出省五出境”高速公路网，加快打通沟通“老越缅泰”、肩挑印度洋和太平洋的对外通道。截至2019年，“五出境”通道云南境内段基本实现高速化。中越、中老泰、中缅、中缅印铁路通道进展顺利。②全方位提升昆明国际城市地位，昆明作为省会城市、辐射中心核心区、区域性国际中心城市，应进一步发挥引领作用，全方位加强辐射中心建设。

2. 制定地区规范标准

①制定澜湄通行规范文件。推动“中国—东盟互免签证”，探索澜湄国家在免签、落地签方面的签证政策突破。探索车辆通行规范模式。澜湄国家共同商定驾照互认、行车许可证样式等，明确车辆通行证件，探索自驾车口岸“一站式”通关模式。②统一澜湄地区服务标准。首先，建立公共服务体系标准，制定出台《澜湄自驾旅游区基础设施和公共服务导则》《澜湄自驾旅游区自驾车营地建设与服务规范》《澜湄自驾旅游区自驾游管理服务规范》等公共服务标准。其次，建立安全管理保障体系，尤其是对于重大旅游事件的处理，制定与危机管理相关的法律、规则、意见等，建立一套完整的危机管理法律体系。最后，推进旅游国际化合作。注重人才在跨境自驾旅游区建设的基础性支持，建立旅游人才发展共享计划，培育国际化的中高端旅游人才。

3. 建设澜湄旅游城市联盟

澜湄跨境自驾旅游区的建立需要建立和完善一个包含管理决策、资金保障、推广运营、“一站式”服务的澜湄旅游城市联盟。①管理决策机构。由澜湄六国共同建立形成“协同中心”，协同中心负责统一决策管理，并进行证照标准、服务标准、行驶标准等标准制定。②资金保障机构。澜湄跨境自驾旅游区的开发、建设和维护首先需要突破国家之间投资合作的障碍，建立多元化、多层次的“共同资金”机制。“共同资金”以保证游道建设和维护的资金需求，并实现高效管理，为游客提供高水平旅游服务。③运营推广机构。自驾联盟由各国众多旅游业相关单位组成，服务对象面向国内外关心中国自驾车旅游市场的旅游同行业以及游客。④组织平台机构。一站式旅游服务平台集旅行社、租车公司、营地、自驾装备等为一体，包含旅游景区、旅行团社、汽车

俱乐部、酒店、旅游用品、交通设施供应商、汽车、通信产品、户外运动用品、餐饮美食、购物中心、娱乐场所等自驾车旅游相关的食、住、行、游、购、娱等产业。

4. 加强旅游重点项目建设

根据澜湄区域的旅游资源，重点旅游项目可分为和平公园、经典旅游线路和主题旅游片区三类内容。①建设三大国际和平公园。国际和平公园是以保护生物多样性和自然文化资源为目的、以可持续发展为目标，由两个或两个以上国家联合设立的跨界保护区。在澜湄区域建设国际和平公园，能够使游客在一个区域内欣赏多国资源、了解生态保护的重要性，并加强各国无障碍合作。根据六国边境自然和文化资源，选择六国边境具有丰富生物多样性资源并能够显著促进多国合作的地点建设三个国际和平公园，分别是中老尚勇—南塔南木哈国际和平公园、中越德天—板约国际和平公园以及越老己榜—石林国际和平公园。②形成四大旅游主题片区。在澜湄跨境自驾旅游区内，有多个交通便利、服务设施完善、旅游资源丰富的城市，这些城市能够以自身为中心，辐射周边的其他热门旅游城市，形成旅游主题片区。在澜湄区域内，最出色的四大旅游主题片区分别为佛教旅游主题片区、法国风情旅游主题片区、生态旅游主题片区与海滨度假主题片区。③打造五条跨境自驾之旅。澜湄区域内存在诸多国际公路，这些国际公路连接多个国家，并接通优质国内公路，形成了经典的跨境自驾线路。这五条为佛教氛围浓郁的生态之旅、囊括自然文化遗产的文化之旅、穿越半岛昆曼国际公路之旅、沿澜沧江湄公河国际河流之旅、中越沿海国际风情之旅。

5. 塑造国际旅游目的地形象

①自驾奇幻澜湄旅游形象。为澜湄跨境自驾旅游区塑造自由自在、神秘奇幻、多彩丰富的旅游形象。对区域内旅游资源特点及差异性进行把握，对由此而产生的旅游吸引力进行形象策划。②澜湄自驾多元宣传渠道。通过澜湄区域自驾游宣传视频，多渠道推广澜湄自驾线路，创造性地渲染国际自驾区的 IP，使澜湄区域形成自驾的国际品牌。③澜湄跨境自驾品牌共建。系统构建“澜湄跨境自驾旅游”目的地品牌，以构筑共同利益为基础，进一步深化各方跨境合作。从“澜湄命运共同体”高度进行顶层设计，确立品牌构建的共同责任、义务及承诺，组织和协调不同国家、不同部门及不同利益主体的深度参与。实现以品牌文化涵养旅游文化，以旅游文化丰富澜湄文化的共赢机制。

三、学术价值、应用价值及社会影响和效益

（一）学术价值

1. 四项阶段性成果（已发表CSSCI论文）凸显学术价值

论文“跨境游道建设的国际经验与启示”（发表于《西部论坛》），是国内较早提出对“跨境游道”研究的文献；论文“中国面向东盟“两区”建设问题与突破路径探讨”（发表于《亚太经济》），对跨境旅游合作进行了深入探讨；论文“国外跨境旅游合作研究进展与启示”（发表于《旅游学刊》），在CNKI被下载1302次，被引10次；论文“云南、广西面向东盟的旅游经济联系及社会网络演化——基于‘一带一路’建设前后的比较”（发表于《世界地理研究》），对云南、广西两省区对东盟的旅游影响进行了实证研究。

2. 研究报告提出的推进思路和建设措施指明未来研究重点

建设成为国际著名跨境旅游目的地，需要通过打造无障碍的自驾旅游区、创新发展模式和科学布局、“一站式”跨境自驾服务平台来实现，这些概念的提出，为未来的研究课题指明方向。

（二）成果的应用价值

1. 探索建立国际跨境自驾旅游目的地

谋划澜湄旅游城市间自驾线路空间布局。对澜湄区域内的旅游资源进行梳理和评价，运用旅游资源开发与空间布局原理，对“澜湄跨境自驾旅游区”的战略定位、线路设计、产品服务等内容进行研究，提出“澜湄跨境自驾旅游区”空间布局构想。

2. 探索建立三大“国际和平公园”

国际和平公园是以保护生物多样性和自然文化资源为目的，以可持续发展为目标，由两个或两个以上国家联合设立的跨界保护区。在澜湄区域建设国际和平公园，能够使游客在一个区域内欣赏多国资源、了解生态保护的重要性，并加强各国无障碍合作。

（三）社会影响及效益

1. 完成并向云南省委提交两项研究报告

研究报告“云南应率先探索建设国际和平公园”，已上报云南省委、省政府；研究报告“关于加快推进和提升云南边境旅游的对策建议”已上报云南省委、省政府。

2. 在“图们江论坛”发表主题报告引起关注

报告“旅游合作的东南亚模式对东北亚的借鉴意义”，被相关媒体报道，并发表于《世界知识》杂志。

3. 课题组承担云南边境地区旅游规划课题

课题组承担了云南省边境地区耿马县旅游规划、临沧市澜沧江旅游航运线路规划等项目，为地方建设出谋划策。

新形势下城市夜间旅游的形象感知、地方依恋与旅游意向研究

负 责 人：余构雄
依托单位：中山大学
起止日期：2020 年 5 月—2020 年 11 月

一、研究的目的和意义

（一）研究的目的

第一，厘清夜间旅游的特征，梳理城市夜间旅游发展的演进历程；第二，明晰影响城市夜间旅游形象感知的因素和维度，建立起城市夜间旅游形象感知测量体系；第三，对广州夜间旅游进行实证检验，探讨游客对广州夜间旅游形象的感知，检验城市夜间旅游形象构成维度、地方依恋与游客忠诚的关系。

（二）研究的意义

理论上：①提供一个有价值的城市夜间旅游形象评价范式。②丰富和完善旅游目的地形象理论研究成果。③弥补城市夜间旅游研究的不足。

实际上：首先，本课题为促进广州夜间旅游快速发展，实现城市旅游提质挖潜提供政策建议。其次，城市夜间旅游形象感知评价体系，为相关政府职能部门和企业经营管理决策提供比较客观、量化和科学的分析工具。此外，形象感知—地方依恋—游客忠诚这一结构模型，能够让实践者掌握游客如何产生地方依恋并引发旅游意向，指导城市夜间旅游形象塑造。

二、主要内容、重要观点、对策建议

（一）主要内容和重要观点

（1）较为系统梳理了国内外城市夜间旅游发展演进

将欧美城市夜间旅游发展划分为起步阶段、发展阶段和成熟阶段。起步阶段：20 世纪 80 年代，夜生活在一些地区被视为扭转城市中心地区工业衰退的工具，欧美众多城市管理者开始有计划地在夜间打造一些旅游项目从而实现夜间旅游发展。发展阶段：进入 20 世纪 90 年代初，欧美主要城市政府当局感知到发展夜间经济有助于：提高该地区的活力、吸引或扩大休闲场所、新居民迁入该地区、就业岗位增加、吸引更多的游客、吸引其他商务投资，从而鼓励夜间旅游休闲产业的发展，灯光节和博物馆是该阶段主要夜间旅游吸引物。成熟阶段：2010 年开始，欧美主要城市不仅将灯光节、博物馆、文艺活动等作为夜间旅游吸引物，更主要的是将城市本身作为夜间旅游吸引物，这主要得益于照明技术的发展。

将国内城市夜间旅游发展分为古代夜间旅游、近代夜间旅游和现当代夜间旅游三个时期。古代夜间旅游：古代夜间旅游并不具有现代意义旅游活动特征。近代夜间旅游：在近代，从民国时期开始，陆续有了以吸引游客为主要目的的夜间旅游活动，这一时期，夜间旅游主要出现在个别经济发达的大都市，以娱乐活动、演艺活动和表演活动为主，其产生和发展受到了西方文化的深刻影响，虽然面向大众游客，但主要的参与者仍以经济较为富裕的中产阶级、知识分子和外国殖民者为主。

现当代夜间旅游：萌芽阶段（1949—1999 年）。从中华人民共和国成立至 1999 年，我国城市夜间旅游在城市夜间景观照明、城市夜间旅游演艺和城市滨水夜间旅游已粗具雏形。起步阶段（2000—2010 年）。进入 21 世纪，全国各地旅游业发展态势良好，许多地区把旅游业作为地方经济实力提升的重要法宝。不少城市通过发展夜间旅游破解早期“白天看庙，晚上睡觉”这一旅游困境。城市夜间景观照明、城市夜间旅游演艺、城市滨水夜间旅游、夜间美食旅游等产品是该阶段的重要夜游产品。发展阶段（2011 年至今）。从 2011 年开始，一些城市陆续针对夜间经济、夜间旅游制定专项政策，我国夜间旅游进入了发展阶段。发展阶段的城市夜间旅游产品较丰富，除城市夜间景观照明、城市夜间旅游演艺、城市滨水夜间旅游、城市夜间美食旅游外，还包括城市夜间节事旅游、城市夜间文化艺术休闲旅游等产品。

（2）构建了城市夜间旅游形象感知的测量体系

城市夜间旅游形象感知的测量体系由七个因子 21 个题项组成：因子 1 至因子 7 分别为：城市夜游旅游吸引物、城市夜游设施、城市夜游自然环境、城市夜游经济环境、城市夜游人文环境、城市夜游社会环境、城市夜游服务。

（3）构建了城市夜间旅游的形象感知、游客地方依恋和忠诚意向研究模型及验证了假设

研究发现：一是城市夜游人文环境正向显著影响游客忠诚，地方依赖在两者间起到了中介作用。二是城市夜游经济环境正向显著影响游客忠诚。三是城市夜游社会环境正向显著影响游客忠诚，地方依赖与地方认同在两者间起到了中介作用。四是城市夜游旅游吸引物正向显著影响游客忠诚，地方依赖与地方认同在两者间起到了中介作用。五是城市夜游服务正向显著影响游客忠诚，地方依赖与地方认同在两者间起到了中介作用。

（二）对策建议

（1）加强顶层谋划，逐渐形成科学合理的城市夜间旅游政策体系

虽然目前已有 101 个省、市、区 / 县发布夜间经济或夜间旅游发展专项政策，但绝大多数是夜间经济政策，专门的夜间旅游发展政策鲜见，且政策类型主要是“实施意见”或“指导意见”，这种类型的政策文本多达 93 份，在整体占比高达 92%，发展措施的政策文本仅有 3 份，扶持政策和发展规划文本各 2 份，实施细则文本仅有 1 份，没有法律法规文本。因此，一方面，需要在“实施意见”或“指导意见”基础上，补充可操作的实施细则或单独制定实施细则。细则规定主要解决“如何”操作层面的问题，如如何实现总体目标或工作目标，分目标与总体目标如何衔接，编制具体的时间表；主要任务如何分解，并落实到责任单位以及具体责任人；支持政策覆盖的范围，有哪些具体政策，获得支持的申报、备案及兑现流程，奖惩条例及验收要求；如何合理形成组织保障的领导小组与工作小组，厘清职责范围及具体分工。另一方面，除实施意见和指导意见外，还需完善诸如管理办法（实施办法、考评办法、评估办法、认定办法、暂行办法、试行办法等）、实施细则（管理细则、实施细则等）、发展规划（规划纲要、发展计划等）、法律法规（规章条例）等政策类型，逐渐形成科学合理的城市夜间旅游发展政策类型体系。

（2）借鉴国际经验，成立夜间工作委员会借此创新夜游管理模式

目前，国际上已有部分知名城市成立夜间工作组织。如 2003 年开始，阿姆斯特丹

任命了“夜间市长”，夜间市长由夜间市长基金委员会进行雇用与管理，通过公众和专家投票选举的方式产生，主要职责是监督城市夜间经济活动，在城市政府、夜间经营者、夜间旅游者或消费者和居民之间架起桥梁，形成高效的沟通协调机制，确保多方利益相关者的合法权益得到有效保障。因此，夜间旅游发展基础好的城市，有必要成立夜间工作委员会，委员会由具有行政权力的“夜间市长”“夜间区长”、知名企业代表的“夜生活 CEO”和民间意见领袖的“掌灯人”三类人群组成。夜间市长由城市分管经济的副市长担任，夜间区长分别由各区分管经济的副区长担任，夜生活 CEO 由各区夜间经济活动繁忙的高层管理者担任，掌灯人由各区意见领袖担任。夜生活 CEO 和掌灯人由公众和专家投票产生，协助“夜间区长”开展工作，将城市管理者、主要经营者及民间意见领袖放在同一个组织里，方便了包括夜间旅游在内的夜间经济活动的统筹与管理。有效协调不同利益主体间的关系，确立共同目标，调动相关职能部门支持夜间旅游发展的积极性，破除不合理限制性规定，逐渐从“管制”走向“管治”。

（3）坚持政府主导，优化有利于夜间旅游发展的宏观环境

城市夜间旅游的发展是一项复杂的系统工程，不只是一场灯光秀或是一场演艺活动，而是囊括各个旅游要素的综合性旅游服务体系。因此，首先需要建立以政府为主导的城市夜间旅游发展的社会支持系统，统筹协调各个职能部门在保障夜间旅游有序发展的职责，研究制订夜间旅游发展的具体方案并组织实施。其次，将城市夜间旅游发展纳入全市社会经济总体发展规划中，同时出台城市夜间旅游发展专项规划，切实发挥规划的引领作用，营造产业发展的良好环境，形成夜间旅游发展的长效机制。此外，加快推进政府职能转变，建立高效合理的夜间管理体制。在土地利用、招商引资、项目审批等方面对夜间旅游市场主体给予扶持，在税收、租金、水电、成本费用等方面对夜间旅游经营主体给予优惠与补贴，鼓励食、住、行、游、购、娱等企业推广夜间延时服务。最后，实施柔性执法，合理放宽夜间管制，鼓励夜间旅游发展基础条件较好的街道在夜间特定时段开设外摆位试点，对“外摆位”实施柔性监管，建立审批绿色通道，简化审批程序，依法降低夜间旅游经营主体准入门槛。

（4）立足资源配置，形成城市夜间旅游多核网络空间格局

城市夜间旅游的发展，需要立足资源配置，因地制宜，形成城市夜间旅游多核网络空间格局。首先，利用“点—轴”开发模式，构建“点、线、面”结合的夜间旅游网络空间结构。围绕核心产品和旅游吸引物，推进夜间旅游重点项目的开发；策划夜间旅游线路，依托线路紧凑布置众多旅游点和夜游消费点，打造独特的夜游 IP；引导夜间旅游项目在一定区域内集聚，形成夜间旅游面上集聚。其次，借助大数据网络，

了解城市居民和外来游客夜间活动情况与规律，以夜间游客的活动轨迹和消费特点来谋划夜游路线的空间分布和功能定位。

（5）注重文旅融合，打造在地特色的城市夜游品牌和精品项目

城市夜间旅游的发展，需要推进文旅深度融合，打造在地特色的城市夜游品牌和精品项目。一是注重将城市传统文化挖掘和现代艺术创作融入夜间旅游发展，推出有一定品牌知名度和美誉度的大型夜间旅游项目。二是运用现代科技，尤其是使用 3D 光影技术、全息投影技术、集成光影视觉技术等新的光影视听技术，吸收传统文化精华，营造在地文化氛围和凸显城市特色，优化提升夜间旅游项目的品质和体验感。三是打造具有代入感、参与性、互动性、趣味性、沉浸式体验且投入不大的城市夜间旅游精品项目。

三、学术价值、应用价值及社会影响和效益

（一）学术价值和应用价值

（1）课题以城市夜间旅游为研究对象有学术价值。夜间旅游是文旅融合的新业态，也是新的文旅产业发展模式，目前少有理论研究成果，研究夜间旅游形象感知、地方依恋和游客忠诚三者的作用路径和内在机制，有一定新颖性。

（2）课题在城市夜间旅游形象感知评价体系有学术价值。通过文献综述、深度访谈与调查问卷，形成城市夜间旅游形象感知指标体系，改变了以往对夜间旅游形象评价以描述性分析为主的不足，具有一定的系统性和科学性。

（3）课题有利于指导城市夜间旅游形象的优化。从城市夜间旅游形象差异、塑造、传播和营销等角度，分析城市夜间旅游形象优化策略和夜间旅游发展对策。

（二）社会影响和效益

（1）课题负责人前期已积累一定相关研究成果，有一定社会影响及效益。①课题负责人以区域城市夜间旅游发展研究为主攻方向已有 5 年，博士论文选题“空间生产视角下的城市夜间旅游发展”，博士后研究选题“城市夜间旅游形象感知对游客忠诚影响研究”，熟悉该方向国内外研究进展，前期已有与本课题相关的研究积累。②近 5 年来，负责人以第一作者（或独立作者）发表与旅游相关的学术论文 12 篇（7 篇 CSSCI 来源期刊，3 篇 CSSCI 扩展期刊，1 篇北大中文核心，1 篇外文 ISTP 检索），其中直接

与本课题相关的论文有 3 篇，较有代表性的“都市旅游体验的一个理论探索——以广州珠江夜游为例”在《经济管理》2019 年第 6 期发表，该刊入选国家社科基金资助期刊（第一批），是 CSSCI 来源期刊及中国人文社会科学权威期刊，在工商管理领域具有较高的学术评价。主持省部级课题两项，依托主持的课题，分别在《经济管理》《旅游学刊》《人文地理》《城市发展研究》等刊物发表论文，被引用 50 次。③负责人出版书籍 2 部，书籍部分内容获得教育部刊物单篇采用荣誉。

（2）课题负责人后续将研究成果出版成论文及专著，出版时标注受文化和旅游部及中国旅游研究院（文化和旅游部数据中心）2020 年“文化和旅游宏观决策课题”资助。

国家重要旅游史料数字化工程研究

负 责 人：蒋艳霞
依托单位：中国旅游研究院（文化和旅游部数据中心）
起止日期：2020年5月—2020年11月

一、研究的目的和意义

当今世界既是信息化的时代，也是数字化的时代。为加快各行业、各领域数字化转型，2020年5月13日，国家发展改革委联合17个部门以及互联网平台、行业龙头企业、金融机构等145家单位，共同启动“数字化转型伙伴行动”。数字文旅的时代已经到来，5G、4K等新的科学技术正在改变未来的旅游。

改革开放40多年来，我国旅游业重要历史事件、重大活动和重大成就层出不穷，史料积累日益丰富。目前，大量原始资料管理办法落后，实物资料得不到有效保护，资料利用率低下。快速抢救史料、启动数字化工程成为当前尤为迫切的工作，对中国旅游行业的发展具有重要意义。

二、主要内容、重要观点、对策建议

（一）主要内容

1. 旅游史料数字化发展现状

作为旅游和历史的交叉学科——旅游史已成为旅游学术研究的重要领域，其价值和应用引起了学术界的广泛关注。然而当前关于旅游史料和史料数字化方面，研究相对较少，仍有较多的研究空白有待进一步填补。国家重要旅游史料，相关数字化工作

亟须开展。基于此，未来学术界可在旅游史料及数字化方面进一步加强研究，深化其研究内容、方法、视角等，更好地助推中国旅游业的发展。

2. 旅游史料数字化内容

文字史料。旅游史料包含诸多文字史料，方志、游记以及神话传说、碑刻、遗址、艺术绘画作品等都是史料中重要的表现形式。

实物史料。除了大量的文字史料之外，实物史料如铭文碑刻、图片绘画、殿堂庙宇等，同样因其独具的艺术魅力、文化底蕴而吸引大量旅游者，是旅游史料的重要组成部分。

口述史。口述，是人类知识传播和史学家记录历史的一种方法。口述史是一种重要的史料获取手段和方式。中国旅游研究起步较晚，早期大量的旅游实践和旅游发展历史未能被及时记录在案，不得不说是一种缺憾。而基于深度访谈的口述史研究既可以填补历史记载的空白、印证文献和实物资料的可靠性，也可以作为相关文献史料的有机补充。

3. 旅游史料数字化方法

依据细分旅游类型，分专题建立旅游史料数据库。

运用新技术进行旅游吸引物、旅游场景的复原和建模。

深入挖掘已有检索工具，扩大旅游史料的整理范围。

建立跨学科领域的旅游史料共建、共享数据库。

推动实施由中央统筹、地方驱动的旅游史料收集整理工程。

4. 旅游史料数字化数据管理系统

首先，旅游史料数字化数据管理系统需要具备较为智能先进的大数据分析功能。例如，对数字化史料的关键词进行自动统计、分析等。金观涛在《革命观念在中国的起源和演变》一文中通过运用搜索引擎对关键词进行搜索、统计、分析以揭示革命观念在中国的起源和演变，这可视为运用数字化技术进行研究的一个典范。在旅游史料的数字化数据库中，需要建立自动识别史料的关键词等功能，并对词频进行统计、分析（类似现在广为流行的 Cite Space 软件），使研究者更为容易地把握史料的重要信息。

其次，旅游史料数字化数据管理系统需要建立起使用者上传资料端口。这对于不断丰富旅游数字化史料具有重要推动作用。但是需要注意的是，作为开发的管理者，需要同样设置审核功能，已验证使用者上传资料的真实性。为了激励使用者自主上传数字化史料，可以实施奖励机制，并且与高校科研成果等进行挂钩，以提高使用者的积极性。同时，尽量避免千人一面的数字文本形式。在既有的纸质等实物文本转化为数字文本时，除部分采取了Metadata扫描输入处理，大部分是用word等形式来表现，尤其是那些直接在网络上完成写作和贮存的文字史料。刘影虹和卢昌德指出数字化史料这种表现形式掩盖了文字外所蕴含的史料价值。典型的例子如，陈红民在翻阅主政穷僻的贵州与陕西的王家烈与杨虎城的信函时，发现他们用很精美的印有自己专用标号的信纸，而同时期的国民政府各部的公文用纸粗糙（未完全粉碎之麦秸尚依稀可辨），甚至一篇长公文前后竟用蓝、黑两种不同油墨印成。在几许感慨之余，亦可见当时不同阶层的生活常态。由此可知，有时文字是不能全面反映社会情况的，研究者会失去通过介质体会当时情形的机会。

最后，搭建横向专题数据、纵向时间数据、竖向空间数据等多维度数据的整合和分析，以进一步立体化、全面性地展示某一时间段、某一地区、某类旅游史料的真实面貌，同时也有助于方便旅游研究者进行资料的收集和获取。旅游史料数字管理系统不仅需要存储数据，更加需要精细化地对数据进行整理和分析，可以为旅游研究者提供便利。而中国丰富的旅游资源数字化，可以更好地展示给旅游参与的主体——大众旅游者。

5. 旅游史料数字化实践

旅游当前的数字化资料库主体是数据资料库。大部分是企业经营，企业智库建设。涉及职业资格认证、职业技能大赛、校企合作服务和就业服务，通过建设网络平台，为旅游企业、旅游学校、旅游培训提供相关服务项目。旅游资料数字化网络平台，有地方图书馆建设游记资料库、旅游图片资料库、旅游案例资料库。针对服务的人群会形成相应的平台，相关人员可以通过平台付费获取相应的资料，多数为商业运营和数据分析的项目。旅游历史资料的数据化平台还处于探索阶段，相较而言，旅游数据的收集和分析比文字、案例资料更加容易受到重视。但是中国的旅游业发展已经近百年，现代旅游业发展的经验、资料更是对旅游业的发展有着启示意义，建立专业化的旅游数字化平台应该包括数据、文本、案例、口述史等全面的资料平台。

（二）重要观点

（1）史料数字化意义重大。史料是思想的利器，成熟的学科都有相对稳定的史料基础。史料数字化既有利于抢救和保护史料，也有利于史料的全方位开发利用，可以促进史料资源共建共享的形成，给文化传承和旅游研究带来新的发展。

（2）启动国家重要旅游史料数字化工程迫在眉睫。改革开放40多年来，我国旅游业从无到有、从弱到强，成长为当今世界旅游市场中的重要角色，数代旅游人为此奉

献了毕生的才情和努力。如今，第一代旅游人很多年事已高，快速抢救史料、记录过去、保存记忆、启动国家重要旅游史料数字化工程成为当前尤为迫切的工作，对中国旅游行业的发展具有特别重要的意义。

（三）对策建议

1. 建设专业化的旅游口述史数字库

旅游口述史的史料保存还没有专业的数字库，对于史料的保存工作当前的建设尤为不足。旅游的概念复杂，研究范围边界不断扩展，造成跟旅游相关的人员涉及面非常广。中国的现代旅游业发展有近百年的历史（1927 年，陈光甫成立中国旅行社开始），其中旅游业的管理方式、旅行社的建设、旅游资源的挖掘、旅游相关产业的发展等内容作为中国旅游史的重要组成部分，这些资料都有待整理和保存。这就更需要建设专业化的旅游数字史料库，传统的旅游史料仅限于文字资料，游记、方志，当中涉及大量的旅游资料，但是古代的旅游资料和现代的旅游资料还有一定的区别，这与记录方式和方法有很大的关系。

当代旅游业的发展，有更为广泛的人参与，政府的官员、企业家、旅游景区管理者、旅游业相关从业人员，这是一个复杂的群体构成。1978 年以来，中国的旅游业更是得到蓬勃发展，旅游业的发展不仅是宏观决策者的工作，也有一线员工们的广泛参与。旅游口述史作为一种旅游资料数字化的方式，对记录中国旅游数字化有着现实意义。数字库建设不仅是文字资料收集工作，当前的旅游数字资料库大多依附于其他数字化资料库当中，没有单独成库。现代旅游业的发展是需要参考和学习前人的经验，并作为一种职业化的方式来研究。专业化的旅游数字资料库建设就显得尤为重要。

2. 以旅游口述史为基础扩大资料收集

中国现代旅游业发展不足百年，参与者现在大多还在世。建立中国旅游口述史资料库势在必行，将录音、录像、文字资料进行数字化保存，对中国旅游业的发展有重大意义。特别是访谈层面的元数据，根据访谈、资料整理、口述史料的撰写，最大限度地保存口述史的数据资料。这一套工作需要成立专门的口述史资料收集组，通过中国旅游研究院口述史资料室收集工作的实践，口述史资料库的经验总结，建立专门负责的旅游口述史团队，是未来旅游资料数字化的重要部分。

除了中国旅游研究院的口述史资料库资料的收集工作，需要进一步扩展、研究口述史的工作。立足中国旅游研究院，建立中国旅游口述史资料收集工作的展开，寻求口述史收集工作的合作单位，扩大中国旅游口述史的资料收集。形成涉及中国旅游研究、中国旅游开发、中国旅游相关产业、中国旅游决策、中国旅游业建设等关于精英层面的资料收集工作。进一步延伸资料收集工作，建设中国旅游业体验、中国旅游业服务、中国旅游业实践的子集资料收集工作。从精英层面向大众层面的旅游口述史资料收集，建设“中国大众旅游时代口述史”记忆库，建设涉及各个层面的口述史资料库。中国旅游研究院口述史资料库的建设离不开资料收集组的工作。未来依托中国旅游研究院、中国旅游研究院的基地、旅游城市当中高校，建设中国旅游口述史资料收集层级体系。进一步扩大中国旅游资料收集，在口述史资料收集过程中，收集文字资料、实物资料，借助数字化设备对资料进行扫描和保存。

3. 建立旅游资料数据化库层级体系

中国旅游研究院口述史库的建设，是中国旅游数字化资料的大胆尝试。中国当前还没有专门的旅游数字化资料库，大部门主要是历史书籍、历史档案、历史期刊、历史报纸、历史杂志。甚至数字化的口述史资料都还没有，大部分以出版书籍的方式呈现。当前的数字资料库，依托图书馆、公司、高校等单位，已经有一定的规模。未来专业化、细分化将会成为数据库发展的趋势，各个专业注重史料的保存，更多的资料也使用电脑、摄像、录音设备的保存，资料保存的电子化、数字化成为必然。数字资料库对于资料的保存和利用显得尤为重要，学术价值、商业价值、文化价值呈现一种多元的价值，这种数据库的建设是对文化传承、价值挖掘、学术研究的直接贡献。

旅游资料的数字化也必须加紧执行。从原国家旅游局、文化和旅游部、地方政府、旅游景区等涉及中国大众旅游时代的旅游决策、旅游文件、旅游规划、旅游政策等内容的文字资料大量的存在，建成中国旅游数字化档案库十分必要。同时，影像资料、数字资料、会议资料等大量文件需要妥善保管。根据需要逐级逐层地建立旅游数据保存资料库，同时设置中国旅游数据资料库的子库档案保存。在“中国旅游数据化库”下设置“中国旅游文字资料数据库”“中国旅游口述史资料数据库”“中国旅游景区资料数据库”“中国旅游讲解词数据库”“中国旅游发展企业案例库”“中国旅游游客体验数据库”。这些数据库需要设置一定的权限，特别是文字资料库，其中涉及政府的档案和文件，适当地开放或是加密处理。

4. 挖掘旅游数字化资料保存的方法

旅游资料的数字化保存方法需要创新。传统的文字资料可以做成纸质版，但是随着网络科技的发展，不能满足日渐增多的旅游资料。分清旅游资料的边界，实物资料大多是旅游景区或是博物馆，现今已经开始虚拟化的电子保存，这已经成为旅游开发的趋势，也是旅游资料保存的趋势。一本旅游年鉴保存到电脑当中也不过十几兆，

1978 年以来的旅游年鉴已经保存于中国旅游研究的数字资料库，未来将会有更多的文字资料需要保存。中国旅游研究院的口述史资料分为：文字、影像、录音资料。同时，会有大量的访谈者捐赠许多自己亲身经历的文字资料。将这些资料建立专门的数字化数据库，保存中国旅游发展的历史成为一种数据库建设必然。

三、学术价值、应用价值及社会影响和效益

（1）多种渠道收集国家重要旅游史料，建立系统丰富的国家旅游史料中心。首先对本单位国家旅游文献情报中心馆藏进行“地毯式”搜索和整理；再通过购买、复制、交换、下载、打印、共享、实地调研等多种方式和线索，补充缺失的重要史料，争取形成完整、系统的旅游史料收藏体系，为行业研究提供丰富的文献资源。

（2）围绕国家重要旅游事件，分主题开展资料收集和数字化工作。本课题将从单位人力物力的实际情况出发，循序渐进，在项目执行期间选择若干重要事件和主题开展资料收集和数字化工程。这种按主题开展工作的方式，有助于突出重点、把握关键、提高成效。

（3）创建国家重要旅游史料数据库，对保护旅游文献资料，推进大数据时代科学研究具有重要意义。国家重要旅游史料数据库建设是一项复杂的工程，需要投入大量的人力、物力、技术和资金。据了解，目前国内尚无专门的国家级旅游史料数据库。我们的数据库应该兼容图书、期刊、报纸、图片、音视频等多种类型资料，并支持检索分析，有助于相关课题研究和学术成果的产出。

我国文旅企业集团跨国并购风险、路径与对策研究

负 责 人：厉新建
依托单位：北京第二外国语学院
起止日期：2020 年 5 月—2020 年 11 月

一、研究的目的和意义

全球文旅企业跨国并购呈现上升的趋势，中国在全球文旅企业跨国并购业务网络中处于核心地位。2018 年，联合国贸发会议发布的《世界投资报告》指出，2017 年全球外国直接投资下降 23% 的主要原因是跨国并购大幅下降 22% 造成的，跨国并购的发展主导着全球外商直接投资的趋势。然而，近年来逆全球化趋势、投资保护主义、中美贸易战等因素使我国企业跨国并购面临的风险大幅增加；新冠疫情重创全球经济和世界秩序，我国在面临百年未有之大变局的背景下着力构建以国内大循环为主体、国内国际双循环相互促进的新发展格局。在此背景下，我国文旅企业既要坚定与国际接轨和全球化发展的信心，保持战略定力，也要审时度势，跳出传统的约束，注重科学规划，积极调整并购策略，实现更大突破。为此，本课题通过研究全球文旅企业集团跨国并购多维特征与影响因素，分析文旅企业集团跨国并购风险类型，结合我国文旅企业跨国并购的典型案例总结风险规避策略和成功模式，从而提出关于我国文旅企业集团跨国并购的风险应对建议。聚焦于文旅企业集团跨国并购不仅有助于完善不同行业的跨国并购研究，而且能够丰富旅游业对外直接投资理论体系。通过回答疫情冲击和新全球化背景下文旅企业集团跨国并购的趋势特征、潜在风险与路径对策等问题，为我国文旅企业集团跨国并购提供案例借鉴和理论参考，具有较强的现实意义。

二、主要内容、重要观点、对策建议

（一）文旅企业集团跨国并购多维特征与影响因素

随着经济全球化的深入开展，全球文旅行业跨国并购快速增长。首先分析文旅企业集团跨国并购的时空特征：从总体上看，全球文旅企业跨国并购交易数量呈现波动上升的趋势，易受危机事件冲击。从行业类型上看，种类多样，重点突出。1995—2020 年，全球文旅企业集团跨国并购交易目标行业类型包括住宿服务、餐饮、交通运输服务、旅行社经营服务和文旅休闲娱乐五大类，基本涵盖了文化旅游要素所涉及的行业。其中，住宿服务类占据总量较大比重，达 37%，文旅休闲娱乐类次之，占总量的 22%，其他类型的跨国并购交易数量占比在 10%~15%。其次，分析全球文旅企业跨国并购网络特征：从空间分布上看，文旅企业跨国并购涉及众多国家，且分布范围广泛但分布不均衡，与国家的经济发展水平密切相关，买方国家主要集中在北美洲、欧洲和亚洲，以发达国家为主；而被并购国主要集中在亚洲、欧洲和南美洲，相对而言发展中经济体更多。以美国为代表的北美地区，以德国、西班牙、俄罗斯为代表的欧洲地区，以中国、中国香港、新加坡为代表的亚洲地区，以巴西、阿根廷为代表的南美地区，以及以澳大利亚为代表的大洋洲地区，是文旅企业跨国并购的主要地区。

中国在全球文旅企业跨国并购交易网络中处于核心地位。中国文旅企业集团跨国并购同样呈现波动增长的趋势，但交易规模较小。在 2013 年之前，跨国并购的数量较少，2013 年开始有了较大的增长幅度，其中 2016 年的跨国并购交易数量最多，为 22 起。新加坡、印度尼西亚、巴西、印度和韩国是中国文旅企业集团跨国并购交易的前五位目的国；而新加坡、英属维尔京群岛、美国、韩国和菲律宾则是中国文旅项目被并购的主要发起国或地区。

文旅企业跨国并购面临的环境和交易过程十分复杂，跨国并购的决策、实施及绩效不仅受来自微观交易层面因素的影响，亦受到来自并购国和东道国经济发展水平以及双方之间的地理距离、文化距离等宏观因素的作用。实证结果表明，从交易层面来看，并购标的市场权益价值对交易额度有显著正向影响，但对交易份额具有显著负向影响；行业相关性对交易额度和交易份额都具有显著正向影响。从并购双方国家层面来看，并购发起国经济总量估计系数显著为负，这可能是由于如果并购发起国经济总量大、市场潜力大，那么更多投资机会将集中在本国范围内。从并购双方国家之间的关系来看，地理距离正向影响文旅跨国并购额度与份额，亦即地理距离越远则跨国并

购额度与份额越大，这可能是地理距离越大则跨国并购不确定性越高，并购主体通过提高并购额度与份额的方式增强对并购标的的控制力。同时，文化距离中的殖民关系对交易额度和交易份额具有显著的正向影响，亦即存在殖民关系时则并购规模越大。

（二）文旅企业集团跨国并购风险类型与综合评估

文旅企业跨国并购是一项系统性工程。从寻找并购标的到提出并购意向再到完成并购，文旅企业集团跨国并购的过程中会面临新保守主义风险、文化制度风险、文旅行业周期风险、整合风险、经营与财务风险等潜在风险。其中，新保守主义风险是指外资并购过程中施加的政府阻挠；文化制度风险包括政治法律风险和社会文化风险；文旅行业周期风险是指文旅行业敏感性高、易受危机冲击的行业特性及其潜在风险；经营与财务风险包括目标企业定价风险和财务风险；整合风险包括并购战略及整合规划风险、人力资源整合风险、企业文化整合风险。

随着文旅行业的迅速发展，我国文旅行业跨国并购方兴未艾。从并购过程角度来看，在并购前期、并购过程中、并购后期三个阶段，我国文旅企业跨国并购过程中分别面临着不同类型的风险因素。

基于全面性、系统性、科学性和可量化的原则，结合文旅企业跨国并购过程中面临的风险类型，构建全球主要经济体旅游业跨国并购风险评估指标体系。测算结果表明，2018 年，旅游业跨国并购风险指标的空间分布具有三大特征。第一，风险指数较高的国家集中分布于非洲和南美洲，这些国家和地区的经济实力相对较弱且国家安全系数低，80% 高风险指数国家与联合国评定的世界上最不发达的国家名单相匹配。第二，风险指数低的国家主要是发达经济体，如美国、加拿大、韩国、日本、新西兰以及大部分欧洲国家。此外，哈萨克斯坦、沙特阿拉伯、智利、马来西亚等国家亦均属于低风险国家。第三，我国周边国家与我国风险指数等级大多相同，都属于低风险国家，这也解释了我国文旅企业跨国并购重点面向我国相邻经济体。

（三）文旅企业集团跨国并购风险规避策略与路径

总结万达集团并购 AMC 集团、锦江国际集团收购美国州际集团、复星集团收购地中海俱乐部和托马斯·库克集团等典型案例，中国文旅企业在跨国并购过程中规避策略如下：

第一，树立明确的跨国并购目标，评估风险与效益。例如，锦江集团出于建立自有品牌体系的目的，选择并购与自己集团业务相似的美国州际集团，希望通过并购向

州际集团学习先进的管理经验，进入先进的人才管理。

第二，把握行业大的趋势，选择合适的并购时机。例如，复星集团并购地中海俱乐部时，一方面由于旅游业逐步向度假休闲方向发展，度假也成为旅游休闲的重要方式，而地中海俱乐部以经营度假地为主；另一方面，地中海俱乐部受经济危机的影响在欧洲市场的业绩正面临下滑，而其管理层也希望通过引入外在投资者以扩大市场范围提振业绩。

第三，灵活选择资金筹集方式，化解财务风险。例如，万达集团在并购 AMC 过程中，向中国工商银行寻求金融服务的支持。并购资金一部分是银行的人民币并购贷款，另一部分是通过“内保外贷”方式获得的美元贷款。

第四，注重企业文化融合，助力并购的顺利开展。例如，万达在并购 AMC 之后，万达尊重美国的市场准则，尊重 AMC 的企业文化和管理团队，在对 AMC 并购的规则上采取保留战略，兼容并存，有助于缓解文化整合的压力。

第五，建立健全的管理制度，加强人力资源的整合。一是建立规范的公司治理结构和生产经营管理制度，在并购完成后，利用并购双方企业的管理优势，实现统一规范、优势互补的协同效应。二是建立合理有效的分配机制，避免利益冲突导致的问题。三是高效整合并购双方企业的人力资源，使人岗达到最优匹配。

第六，顺应时代发展潮流，把握机遇升级业务。例如，在国民度假需求日益增长的背景下，复星集团收购地中海俱乐部，通过地中海俱乐部成熟的运作模式和知名的度假品牌，快速打入休闲度假市场，拓展自己的业务范围，最终斩获大批国内外的度假游客群体。

通过对典型并购案例的分析，可以总结出文旅企业集团跨国并购的成功模式。文旅企业进行跨国并购，首先，需要制定总体并购战略规划，明确企业跨国并购的目标；其次，需要对被并购企业进行多方面和维度的调查研究，着重考虑关于并购的风险方面；再次，根据实际情况，选择合适的并购方式和并购资金的筹集方式，以确保并购过程的顺利进行；最后，按照战略规划逐步实现并购过程。

（四）双循环背景下文旅企业集团跨国并购的对策建议

逆全球化趋势、投资保护主义等因素使我国企业跨国并购面临的风险大幅增加，2020 年年初新冠肺炎疫情的暴发不仅令世界公共卫生体系面临严峻考验，而且让国际经济和资本市场深受其害。汇率剧烈波动导致融资困难，严格的限制性措施加大政策法律风险，疫情导致的社会矛盾加深文化和整合风险，这些都使我国文旅企业跨国并购面临更严峻的挑战。在双循环背景下，我国文旅企业应主动参与国际分工与合作，努力打造成为具有强大创新能力和国际竞争力的跨国公司。

第一，把握国际国内双循环背景，强化跨国投资风险应对意识。一方面，充分把握国内、国际两个大市场，提升企业竞争力。疫情给我国企业带来前所未有的冲击，在企业自救和发展过程中，需要深入挖掘市场用户需求，把握国内发展机遇，更新企业产品与服务，打造企业核心竞争力。高效利用国际大市场，获取先进技术与经验。具备条件的企业应该将跨国并购纳入企业发展战略规划中，提升企业国际化水平。另一方面，牢固树立跨国投资全过程风险应对意识，强化风险识别能力、风险应对能力。借鉴学习国外企业先进的管理经验，加快引进优秀的跨国交易谈判人才和跨国经营管理人才，加快构建国际化人才队伍。由于文旅行业的敏感性、周期性特点，完善文旅企业的全球化布局是旅游企业应对风险的重要保障。全球化的产业布局有助于文旅企业在面临风险时的损失相对较小。

第二，精细核算跨国投资收益，适度开展文旅跨国投资。文旅企业跨国并购要开展成本—收益分析，以权衡短期收益与长期受益、经济收益与战略收益、东道国收益与母国收益。在跨国并购过程中，企业可以通过拓展融资渠道，合理化融资结构，切忌过分依赖自有资本、银行贷款的方式，灵活运用股票、债券、基金项目、银行信用证、债券、政府融资等多种融资方式，注意企业内外资本、权益资本、债务资本等的平衡和灵活性。文旅企业还应当把握开放发展潮流，以开放促改革，以国际化提高效率，合理利用自身的竞争优势开展文旅跨国投资活动。

第三，全面审查跨国投资项目，把握文旅行业特点。在并购过程开始前，企业要全面具体审查项目的区位、历史、环境等，同时要注意从多角度去进行企业价值的评估，把握住文旅行业具有综合性、敏感性和脆弱性等特点，以便企业提早部署战略规划。文旅企业在并购过程中，不仅要关注被并购企业，更应该注重把握自身核心竞争力，充分利用我国在大数据、5G等技术正逐渐渗透文旅行业的方面所形成的竞争力和垄断优势。另外，我国文旅企业要重视大数据、云计算、人工智能技术的应用，快速响应客户需求，实现订单的快速自助处理（如退改）；提升无人化、无接触服务技术的应用，创造更安全放心的服务场景。

第四，谨慎选择跨国投资区位，合理选择跨国投资进入模式。一方面，企业在跨国并购进程中应综合考虑企业诉求与能力、东道国宏观环境、城市等级、区位特征等多方面因素，选择潜在风险小、文化距离小的标的区位。另一方面，文旅企业要根据实际情况合理选择跨国投资进入模式。为降低跨国并购风险，文旅企业可采用联合收

购、少数股权收购甚至采用非股权投资等循序渐进的方式进入目标国家。经验表明，在发达国家可采用股权方式进行旅游业投资以获取经营收益，而在发展中国家可采用非股权方式进行旅游业跨国经营以降低投资经营风险。

三、学术价值、应用价值及社会影响和效益

跨国并购的发展主导着全球外商直接投资的趋势，而精准识别并有效避免跨国并购过程中可能存在的各类风险，成为文旅企业集团不得不思考的现实问题。另外目前已有的文献有关跨国并购研究主要涉及制造业、金融业等行业，而文旅行业跨国投资研究主要集中在绿地投资，跨国并购研究相对不足。

本课题研究价值主要在理论创新和实际应用两个方面：第一，总结我国文旅企业集团跨国并购中可能存在的潜在风险，提出文旅企业集团跨国并购应对潜在风险的分析框架，将完善跨国并购的行业研究、丰富文旅行业对外直接投资理论体系。第二，基于对文旅行业跨国并购统计数据和典型案例的分析，总结我国文旅企业集团跨国并购中可能存在的潜在风险并提出相应的应对策略，既能为政府出台产业支持政策提供研究支撑，也为文旅企业集团的跨国并购实践提供理论参考。

中国文旅上市公司海外并购风险识别与控制研究

负 责 人：毕金玲
依托单位：东北财经大学
起止日期：2020 年 5 月—2020 年 11 月

一、研究的目的和意义

根据 wind 资讯数据库主题行业分类，A 股共有 128 家文旅行业上市公司。根据新旅界研究院发布的《2018—2019 中国文旅上市公司成长性报告》，2019 年文旅上市公司总市值达到 1.4 万亿元，同比增长 50%，从盈利情况来看，文旅上市公司营收合计 1662 亿元，一半以上的公司实现同比增长。在文旅上市公司全面发展的同时，很多公司为了进一步扩展公司经营，提升公司竞争力，开始进行海外收购；其中包括成功的收购案例，如 2013 年博瑞传播收购韩国网络公司，城市传媒的母公司青岛出版集团收购日本渡边淳一文学馆 100% 的股权，也包括失败的收购案例，如 2012 年海航收购欧洲商务集团诺瀚酒店股权但后来又分两次将股权出清。无论是成功案例还是失败案例，海外并购都是一项高风险活动，对文旅上市公司海外并购的风险进行充分识别，进而实施风险管控，才是海外并购成功的重要基础。

本课题正是从此视角出发，对文旅上市公司的海外并购风险进行研究。研究意义在于：首先，针对成功案例与失败案例分类研究，分别运用扎根理论和层次分析法对海外并购风险进行分析，这能够对未来有意进行海外并购的文旅上市公司提供风险识别借鉴；其次，识别文旅上市公司海外并购的关键风险体系，并对风险根源进行探讨，才能制定海外并购的风险防范策略，提高海外并购的成功率。

二、主要内容、重要观点、对策建议

（一）主要内容、重要观点

近几年，中国文旅上市公司海外并购案例增多，一方面在于具有资本实力的文旅企业有拓展国际发展空间的内生动力，另一方面在于国外文旅企业对中国文化资本的认可度越来越高。但是由于中国企业与海外企业之间的文化背景、价值观念、管理理念等方面差异性较大，如何在海外并购中对并购风险进行识别和控制是值得关注的问题。本课题对此进行了研究。研究报告具体包括六个部分：第一部分是背景分析，介绍了文旅企业海外并购的情况。第二部分是典型案例分析，介绍了出版业、影视业及旅游业海外并购的代表性案例。第三部分是文献综述与理论分析，介绍了海外并购的动因以及并购整合风险的构成内容。第四部分基于扎根理论，从海外并购失败案例出发，识别文旅企业海外并购的风险，主要表现为跨文化风险。“跨文化风险”是文旅企业海外并购的关键风险，具体又包括跨国家文化风险和跨组织文化风险，跨国家文化风险主要表现为东道国政府的政策风险和法律风险。东道国民众人文风险，包括民族情绪、罢工游行、舆论抵制以及客户偏好等方面。跨组织文化风险主要通过企业决策、沟通及企业伦理显现出来，包括决策经营风险、人力资源风险、商业惯例风险以及社会责任风险四方面。第五部分基于层次分析法，以万达并购美国传奇影城为例，分析了并购整合风险的基本构成。我们将并购整合风险分为内部风险与外部风险。其中内部风险中，风险较小的比例为 36.4%，风险一般的比例为 51.7%，风险较大的比例为 11.9%。外部风险中，风险较小的比例为 17.2%，风险一般的比例为 63.3%，风险较大的比例为 19.5%。第六部分提出文旅企业海外并购风险控制的相关方法。

（二）对策建议

对策建议主要针对海外并购风险控制的方法，具体包括整合风险控制方法、财务风险控制方法及审查风险控制方法：

1. 整合风险控制方法

鉴于并购面临的整合风险是动态的、复杂的、联动的，单一的控制是不能起到有效防控整合风险的作用的。有学者（2016）认为中国企业在海外并购的技术获取中的利用型战略和开发型战略应该同时执行，且为避免两者同时执行所带来的矛盾，需要用“悖论整合”的管理方式重点解决执行过程中可能出现的三类问题。同时，根据“悖论整合”的思路提出了具体的 AIA 路径，即“消化—整合—运用”路径，使企业能够更好地同时执行两种战略。陈珧（2017）针对主要为了获取技术的海外并购提供了新的整合思路，并指出正确选择并购后整合的方式能提升企业自身的技术创新能力。企业应该将整合策略与并购双方的技术资源的相关性匹配，这样才有利于并购后的整合。

（1）组织和系统整合

被并购企业是一个独立的操作系统。要想管控好被并购企业，要加强总部管控能力，进一步优化其在战略规划、风险控制、人事管理等方面的职能，优化部门设置。

比如，在强化管控体系方面，并购企业可以修订公司规章制度等，更加明确各项业务的申请和审批流程，还可以建立备案和责任跟踪制度等。结合实际情况，定期评估管理子公司的性能：可以进一步开展信息化建设。全面推进 EPR 系统和 OA 办公系统的应用，规范业务数据和业务流程，进行管控，这样提高运营管理的有效性和及时性。

在业务管理方面，将业务管理区域分布，在各区域设立区域总部，进行销售、研发、制造等业务。总部按职能管理、指导和支持各区域部门。这种管理方式不仅可以使区域根据不同市场的特点进行相对独立的发展，而且可以减少跨区域贸易，提高抵御风险的能力。

（2）人力资源整合

如果被并购企业的管理层之间有重大矛盾。当新任命的管理者接任时，会面临许多困难。不仅初期财务状况难以改善，而且在高层管理团队重组的过程中也会出现很多纠纷，如可能会导致部分员工通过律师办理法律手续离职，这给企业造成了一定的损失。所以完善并购后的人力资源整合流程，促进并购后的人员整合，是至关重要的。

尤其需要注意的是核心人员，在并购开始之前，可以与核心人员签署聘用协议，其中要对相关人员离职后竞业禁止进行相应约定。相关竞业禁止约定根据员工的工作性质、职位以及工作年限，从离职后潜在雇主的地理位置、是否为并购企业的客户或潜在客户以及是否从事与企业构成竞争关系等多个维度对该员工后续从业进行约束，相关竞业禁止条款可以较为充分地减少企业重要员工离职并加入竞争对手的风险。

在并购之前，不仅要了解被并购企业的经营和财务状况，还要密切关注被并购企业内部员工的能力和人脉。这都为合并后的管理层做了一个很好的准备。

①激励机制。比如，为留住核心团队，可以采用“薪酬管理方法”，更多地采用年金激励策略，使员工的工作更有保障。为提高效率，打造更好的团队，可根据实际情

况，完善符合行业和市场的薪酬制度和激励机制。在为被并购企业主要经营团队和核心业务人员提供具有市场竞争力的薪酬待遇的同时，制定合理的考核机制，使企业业绩增长惠及核心管理层及研发团队，充分地调动员工的工作积极性，从而有效保障人员的稳定性。

②精心挑选领导团队。可以设立专门的管理委员会和经营管理委员会，完善公司治理结构。并购交易完成后公司要继续保持企业核心管理层和核心业务人员的稳定，赋予其充分的经营自主权，以确保其管理机制的高效运行，保障其业务的进步发展。

③人员进行系统培训。并购后，可以根据不同岗位制定人力资源岗位描述，将岗位要求和职责转移到每个员工身上，并对员工进行企业文化培训。在整合过程中，要明确用人选拔标准和程序，采用内部选拔和外部选拔相结合的人才选拔机制，组建国际化、专业化的团队。

④完善员工培养制度，并优化晋升通道。可以提供多样化职业培训，并持续健全人才培养制度，加强企业文化建设并增加被并购企业与公司总部之间人员交流以增强企业凝聚力。也可以在并购公司的支持下为其员工提供多种职业发展路径，优化人才选拔制度及员工晋升通道，使员工有机会根据个人特点发挥个人潜力。

2. 财务风险控制方法

（1）借助中介进行估值

除了使用收入、成本、市场和期权等方法对企业价值进行评估外，还可以聘请著名的评估机构，毕马威、德勤等对被并购企业的资产进行评估调查并发布报告，对其经营状况、市场前景和盈利预期进行全面评估。根据报告，再与被并购企业就并购事宜进行谈判。

在估值方面也有控制风险的方法，如或有对价方法。其中或有对价是指未来特定的事项发生或特定事项满足，买方需要向卖方支付额外的资产或权益的义务。或有对价方案可根据标的业务特点设置灵活的对赌指标，除了净利润指标外，还可以设置毛利润指标、产品研发成功指标等。通过引入或有对价机制，就可在一定程度上降低企业面临的估值风险。

（2）合理规划融资方式

购买资产而非股票。一般来说斥资进行海外并购，会给并购企业带来巨大的财务压力，所以如何制定并购计划和融资方式显得尤为重要。一般情况下企业会采用并购股权的方式来并购目标企业。购买资产和购买股票是两种完全不同的交易。在购买一家公司的股份时，买方将获得该公司资产负债表的全部内容，包括该公司拥有的所有已知和未知的资产和负债。特别要注意公司的或有负债。如果并购人未能确定被并购企业的或有负债，并购人可以承担额外的债务成本。在交易中购买的资产陷入困境的公司，买方将得到另一家公司的一些资产，而不必承担另一家公司的债务。在这方面，并购公司股份的交易风险更大，可能涉及或有负债。因此，资产并购的选择方式具有风险隔离效应。并购企业购买被并购企业的资产，而不是股票，可以有效地将被并购企业的诉讼与债务风险隔离开来。

并购的资金可以通过将内部融资和外部融资结合起来实现，在投资阶段提前制订并购计划和完善融资计划。汤臣倍健当初海外并购的融资方法值得学习，它联合了中平国璟、嘉兴仲平、信德敖东和信德厚峡四家私募基金，一定程度上缓解了融资压力。要进行融资之前，考虑到时间和融资成本，汤臣倍健选择了混合融资。总的策略就是，先通过与私募基金设立并购基金筹集30亿元，剩下的则用境外借款进行补充。汤臣倍健此次的融资方式是组合式的，组合了内部融资、股权融资和债券融资三种融资方式。其中的股权融资不同于一般的股权融资，一般的股权融资需要证监会批准，发行时间长，并购方因此会面临更多的风险。然而，汤臣倍健选择的是先联合四家私募基金成立并购基金，一年之后再发行股票，从而让外部投资者实现退出。这样既可以不对企业造成过大的资金压力，又可以快速实现并购计划。若企业不成立并购基金，外部融资仅选择债券融资，则并购之后会面临过高的偿债压力。汤臣倍健选择的折中方式，不仅快速实现了融资，又因为债券融资只是补充融资，后期的偿债压力也大大缩减了。

3. 审查阶段的风险

指外部环境风险、战略决策风险等。

（1）前瞻性研究

当企业确定并购目标时，首先要做的就是前期的调查和规划。在前期调研中，需要聘请专业的并购人员和律师进行调研分析并购的可行性。首先了解被并购企业所在国家的相关法律法规。获得被并购企业的档案及其发展历史，详细掌握资产、利润、负债、股东结构、管理模式、公司章程等信息。其次，成立专门的并购团队，收集目标资产所在国家的政治、经济信息，进行长期深入的研究，确定并购的可行性。最后，通过对整个行业的分析，得出结论。

（2）明确公司战略

在选择并购企业时，要符合自己的战略，熟悉行业，选择行业内具有前瞻性的行业。成功的合并和整合可以为公司带来突破，改变现状。要注意紧跟行业发展的方向，

并布局战略发展规划。

（3）整合程度的识别

如果并购后能够有效规避风险，整合双方的客户和资源，制定好整合的程度，就可以使公司在技术、客户等资源上，达到最优化。

三、学术价值、应用价值及社会影响和效益

本成果的学术价值与应用价值体现如下：

第一，从研究对象上看，以往对中国企业海外并购风险的研究，主要研究对象是国有大型企业，较少针对某一行业类型的企业进行专门的研究。本课题针对文旅上市公司海外并购风险进行专门研究，文旅上市公司海外并购风险有其特殊性，对此类型关键风险进行识别和分析，将有利于未来提高并购的成功率。

第二，从研究方法上看，在研究海外并购风险时，大多数研究采用大样本的实证研究方法，通过设置研究假设、搜索数据、模型检验等得出结论，这种方法虽然有利于强调共性，但无法识别海外并购风险的特性。本课题的价值在于采用扎根理论和层次分析的质性研究方法弥补定量研究的不足之处，基于文旅上市公司海外并购的案例资料，进而构建模型，这将有助于识别文旅上市公司海外并购的关键风险，并开展对应的风险管控。

基于大数据的旅游统计体系优化研究

负 责 人：蒋志平
依托单位：成都银杏酒店管理学院
起止日期：2020 年 5 月—2020 年 11 月

一、研究的目的和意义

（一）研究目的

本课题旨在探究对基于大数据技术的旅游统计体系从基础理论到统计实践的优化方案，为进一步提升我国旅游数据的统计质量提供相应的政策参考。

（二）研究意义

基于当前的大数据时代背景，我国旅游数据统计工作面临着新的机遇与挑战。目前，大数据在旅游统计应用中还存在一系列亟待解决的困境和问题，如统计结果难以被大众认可和解读、统计数据“虚高”现象依然存在、统计数据“横向不可比、纵向不可加”的旅游统计老大难问题等。本课题的专题研究将进一步完善大数据旅游统计相关基础理论，有利于早日建立旅游大数据处理国家规范，有利于更好地构建国家和地方有机统一的多层级旅游统计体系。

二、主要内容、重要观点、对策建议

（一）主要内容

1. 引言

阐述课题研究背景、研究目的及意义，给出研究报告的内容安排。

2. 大数据技术在旅游统计中的应用

讨论了大数据技术在旅游统计中的应用，探讨了旅游大数据特点和大数据对旅游统计带来的变化。

3. 大数据旅游统计体系的现存问题分析

分析了当前大数据旅游统计实践中的五大现存问题，从而给出了大数据旅游体系优化的方向，这五大现存问题分别是：（1）统计对象“游客”界定依然不够明确；（2）统计单位“人次”不利于统计数据解释和应用；（3）数据处理环节缺少国家层面统一规范；（4）地区层面旅游统计数据依然缺乏横向可比性；（5）不同层级旅游统计数据依然无法纵向衔接。

4. 大数据旅游统计的基础理论探究

分别从统计对象界定、统计地理尺度、统计单位等维度探讨了大数据旅游统计基础理论优化的必要性和可行性。（1）旅游统计“对象”界定。从旅游目的、惯常环境、停留时间和空间距离这四个维度进一步界定；（2）旅游统计“地理尺度”一致性，分别从国家层面和地区层面进行了划分；（3）旅游统计“单位”一致性，推荐采用“人天数”作为统计单位。

5. 大数据旅游统计的数据处理规范

具体从大数据统计实践角度提出了数据清洗、分类处理的实施规范。（1）基本思路，分别从惯常环境设定和地理尺度分级两个方面讨论了数据处理思路；（2）数据源选择及质量分析，讨论了电信运营商大数据作为旅游统计数据源的质量问题；（3）数据分类清洗与处理，分别对八类人群进行分类处理，依次为：日内出行的本地人员、常驻异地人员、返乡人员、过路旅客、非手机智能终端设备、一人多机多号和无手机游客。

6. 大数据旅游统计的统计模型构建

探究了大数据旅游统计模型的优化方案，基于细分区域尺度，构建了“国家—省—市”多级大数据统计模型。（1）“市级”大数据旅游统计模型，其中包含市际游客人数统计模型和市内游客人数统计模型；（2）“省级”大数据旅游统计模型，包含省际旅游人数统计模型和省内游客人数统计模型；（3）“国家”大数据旅游统计模型，可以进一步分解为入境旅游人数统计模型和国内旅游人数统计模型。

7. 对策建议

在专题研究基础上，针对大数据旅游统计体系优化提出六条政策建议，具体内容见（三）。

（二）重要观点

（1）统计单位“人次”不利于统计数据解释和应用，“人天数”这一单位在大数据旅游统计时代具有更好的适用性。“人次”这一统计单位的根本问题在于它不能进行直观的“相加”和“比较”运算，“人天数”有利于实现旅游数据的横向比较，有利于解释旅游数据纵向加总含义，有利于更准确测度地区旅游收入。

（2）不能狭隘地将“惯常环境”等同于一个地理概念，惯常环境应该是一个人长期工作或生活的一种状态。就旅游定义来说，关键是游客开始了一种非惯常的活动，而不是前往了一个非惯常的空间。在大数据旅游统计中，借助于电信运营商的信令数据，可以获得用户较为精确的地理坐标和时间坐标，从而可以清晰地勾勒出某个用户日常活动的地理轨迹，在识别用户日常活动地理轨迹基础上，可以构建出该用户日常活动的“个人电子边界”，并将用户离开这一边界视为离开惯常环境的旅游出行活动。

（3）大数据旅游统计的数据源质量是影响大数据旅游统计质量的本质因素，而影响电信运营商数据质量的障碍主要是缺乏统一的数据筛选和清洗标准。基于手机信令的大数据旅游统计尤其要注意对日内出行的本地上班族或学生、常驻异地工作和学习人员、返乡的务工人员和学生、铁路或高速公路过路旅客、日常地区边界往返人员、非手机的移动智能终端设备、一人多机多号、无手机游客八类特定人群的分类处理，需要进一步明确对这些用户的手机信令数据进行去重或增补的数据清洗和处理的操作规范。

（4）按照不同地理尺度单独统计的分层旅游数据体系，有助于实现地区间旅游数据的横向对比，有助于解决“横向不可比”的问题。但这种模式中上层级尺度的统计人数并非下层级尺度统计人数的累积加总，依然难以解决不同层级数据之间的“纵向不可加”问题。此外，这种分层单独统计和发布模式，会造成各个层级旅游统计数据之间的割裂，不利于旅游统计数据的进一步解释和应用。

（5）大数据旅游统计体系可以按照“国家—省—市”三级地理尺度构建，但不同层次旅游统计体系应尽可能遵循“纵向可加，横向可比”的原则，在各自的地理尺度

上分别构建大数据旅游统计模型，并建立起不同层级统计模型之间的衔接关系。地区层面大数据旅游统计模型应该以“市级”为基础，基于手机信令漫游信息测算“市级”旅游统计数据，“省级”统计数据可由“市级”数据进行加总并去重来进行推算，而“县级”旅游数据的统计则需要市级旅游大数据中心“下算一级”来完成。

（三）对策建议

1. 实现对“游客”身份的多维界定

基于大数据技术，划定居民日常活动“个人电子边界”，建议从更多维度、更细颗粒度界定“游客”身份。基于大数据的旅游统计需要更为明确清晰的“游客”定义：（1）出行目的。游客出行的目的多种多样，但基于旅游应该体现游客消费属性这一基本认知，“游客”界定时需要对以获取报酬为目的的出行活动进行排除。（2）惯常环境。不能狭隘地将惯常环境直接等同于一个地理概念，它不应该单独被标记为家、工作或学习所在的地方。惯常环境应该是一个人长期工作或生活的一种状态，就“游客”界定而言，关键是一种非惯常的活动，而非惯常的空间。（3）出行距离与停留时间。如果采用传统旅游统计中游客“10 千米，6 小时”的时空距离认定标准，在大数据旅游统计中会将大量的非游客统计在内。当前，借助于电信运营商手机信令大数据对手机用户划定的“个人电子边界”，可以突破这一时空距离的限制，从而实现对游客更为精准的界定。

2. 推行“人天数”作为游客数量统计单位

建议在大数据旅游统计体系中，将游客统计单位改为“人天数”，有利于更好地解释和应用旅游统计数据。传统的游客统计中“人次”这一单位，一个很明显的问题就是缺乏“时间”维度，它只能反映游客在调查周期内曾经出行过这一行为，但无法反映出游客在统计周期内具体的出游持续时间。基于大数据的旅游统计应该广泛采用“人天数”作为游客统计单位，“人天数”这一单位在大数据旅游统计时代具有更好的适用性，具体表现在以下三个方面：（1）有利于不同地区旅游数据的横向比较。由于有了旅游的持续时间维度，游客人天数更大的地区意味着更大的游客规模和更好的旅游发展质量。（2）有利于解释不同层级旅游数据纵向加总的含义。游客在不同地区旅游在时间上的持续性，在游客统计中直接体现出人天数的累加，不再出现采用“人次数”统计中出现的地区间重复统计，因此上一级地区旅游统计中的游客“人天数”可以解释为该地区所有下级地区的游客“人天数”之和。（3）有利于更为准确地测度地区旅游收入。有了游客出行的时间维度，在大数据技术的支持下，可以按照游客旅游天数对旅游消费数据进行加权汇总，测算出地区旅游总收入，更好地体现各个地区的旅游发展质量。

3. 建立旅游统计大数据处理的国家规范

探索在国家层面逐步建立大数据旅游统计体系的数据清洗和处理规范。在对游客惯常环境设定、地理尺度分级的数据处理建议基础上，通过对日内出行的本地上班族或学生、常驻异地工作和学习人员、返乡的务工人员和学生、铁路或高速公路过路旅客、日常地区边界往返人员、非手机的移动智能终端设备、一人多机多号、无手机游客八类特定人群的出行特征进行专题分析，逐步建立对这些用户的手机信令数据进行去重或增补的数据清洗和处理的操作规范。

4. 重点加强“市级”旅游大数据中心建设

首先，基于成本和技术可行性角度考虑，无须单独建立“县级”旅游大数据中心，“县级”旅游统计由“市级”旅游统计部门“下算”一级完成。这样做的好处是一方面在技术上解决了县级旅游部门无法精准识别县域外地游客的问题，同时也有利于更好地保证旅游统计数据的质量，抑制基层旅游统计部门在旅游统计中的“政绩冲动”。其次，建议重点加强“市级”旅游大数据中心建设。按照多级旅游统计体系的层级定位，地市级旅游大数据中心担负着区县一级旅游统计的具体测算工作，还是上一级“省级”大数据旅游统计数据的重要来源，当前旅游统计基础设施建设工作应该重点加强“地市一级”旅游大数据中心建设。

5. 实现旅游统计数据的分类横向比较

建议分类统计“域外游客”和“本地游客”，逐步实现不同地区旅游统计数据“横向可比”。当前，基于手机漫游信号为大数据源的旅游统计主要统计的是外地游客，而对于手机号码为同一归属地的本地游客却没有得到准确统计。具有不同旅游资源禀赋和人口基数的地区，不应该直接对游客总量进行对比，而应该基于大数据技术，根据这两类游客的特征分类构建大数据旅游统计模型，实现对域外游客和本地游客的精准识别，有利于旅游决策部门制定更为全面、更具针对性的旅游管理政策。

6. 构建有机统一的多级旅游统计体系

从目前国内旅游统计实践来看，按地理尺度分层级构建旅游统计体系是必要的，也是旅游统计改革的方向。建议以“市级”旅游大数据为依托，构建“国家—省—市—县”有机统一的多级旅游统计体系。通过优化大数据旅游统计体系，可以逐步实现不同地理尺度下各层级旅游统计数据的有机衔接，上一级区域的旅游统计数据可以由下一级旅游统计数据进行加总并得以合理解释。

三、学术价值、应用价值及社会影响和效益

成果的学术价值:（1）完善了大数据旅游统计的相关基础理论。基于旅游及游客的定义，结合大数据旅游统计的实际背景，对旅游统计“对象”进行了更为精准的界定，对旅游统计的“地理尺度”划分和旅游统计“单位”的选择进行了深入挖掘和分析。（2）构建了多级大数据旅游统计体系。基于手机信令漫游数据特征，以“地市级”大数据旅游统计体系为基础，构建了“国家—省—市”三级大数据旅游统计体系。在横向上实现了每一级体系内部的“域内”和“域外”游客的分类统计，在纵向上厘清了各级游客数据的逻辑关系，为实现旅游统计数据“横向可比、纵向可加”这一根本目标提供了解决思路。

成果的应用价值及社会效益:（1）给出了基于手机信令大数据旅游统计的数据清洗和处理规范。通过对不同手机用户身份属性的分类识别，结合游客定义，对数据的“去重”和“增补”给出了操作指引，这将为进一步推进形成大数据旅游统计数据处理的国家规范以及为大数据旅游统计的实施单位提供重要的操作参考。（2）细分区域尺度的大数据旅游统计模型构建实现了游客的分类统计。在每一地理层级内，分别基于手机漫游信令数据构建模型实现“外地游客”和“本地游客”的分类统计，较好地解决了当前大众旅游、全域旅游时代旅游统计实践中长期存在的对于本地一日游游客统计难题，同时也为地区旅游管理部门制定更具针对性的旅游发展政策提供了重要参考。

后疫情时代城郊乡村旅游转型发展与引导政策研究

负 责 人：冯　娟
依托单位：华中师范大学
起止日期：2020年5月—2020年11月

一、研究的目的和意义

在我国，城市郊区面积超过了陆地国土面积的五分之一，且绝大部分城郊属于乡村地区，这些乡村地区由于紧邻巨大的城市客源市场，受周末近距离出行规律影响，成为最主要的乡村旅游目的地。武汉市城郊的乡村旅游始于20世纪80年代末，短短40年时间，乡村旅游地从开始零星分布，到目前几乎遍布于城郊各区，发展速度非常快，发展过程中也存在一定问题。

2020年突发的新冠肺炎疫情使武汉市旅游业发展受到巨大冲击，也极大改变了武汉市城郊乡村旅游发展环境。在国家和地方多项扶持政策的支持下，武汉城郊乡村旅游逐渐复苏，并进入恢复调整和转型发展新时期。

鉴于此，本课题以武汉市为案例区，通过理论与实证研究，提出在后疫情时代促使城郊乡村旅游加快恢复和转型发展的政策建议。该项研究具有极强的理论价值与现实意义，主要表现在以下几个方面：（1）该课题将有利于深化旅游研究的理论体系，为乡村旅游发展提供重要的理论支撑。（2）城郊乡村旅游发展一直处于高速发展阶段，且呈现出各种问题，受新冠肺炎疫情影响，乡村旅游将进入修复调整和再发展的新时期，现阶段深入分析和研究乡村旅游转型发展和扶持政策将有利于引导城郊乡村旅游加快恢复并真正实现转型升级发展，具有很强的现实意义。（3）在案例区选择上，武

汉是此次新冠疫情的震中，以武汉市为例，积极探索如何在后疫情时代引导城郊乡村旅游转型发展具有极强的代表性和典型性。

二、主要内容、重要观点、对策建议

（一）主要内容、重要观点

（1）疫情发生前武汉城郊乡村旅游发展呈现出五个方面的主要特点：一是乡村旅游地数量总体上由加速发展转向平稳发展，呈现出四个明显的发展时段；二是乡村旅游地极化分布趋势不断增强，已形成三大旅游发展集聚带；三是乡村旅游地发展类型日益多元化，其中，休闲观光类发展规模最大，农事体验类发展速度最快，不同类型乡村旅游地空间极化发展趋势各异，但除农业科技类旅游地一直处于分散状态外，其他类型的乡村旅游地均已呈现出不同程度的极化趋势；四是旅游带动地域空间变化，旅游村落景观变化尤为明显；五是村民旅游收入差距较大，旅游受益机会呈现非均等化。

（2）在武汉市城郊乡村旅游发展过程中主要存在以下四个方面的问题：城郊乡村旅游地增长迅速，旅游用地矛盾突出；旅游公共产品供给不足，交通瓶颈亟待解决；农旅、文旅深度融合还不足，产品同质化较严重；旅游受益非均衡引发空间竞争，损害和谐邻里关系。

（3）受疫情影响，武汉城郊乡村旅游业从2019年至今经历了以下几个阶段：疫情发生前（迎军运会，乡村旅游发展如火如荼）、封闭停滞期（暂停营业，全力抗击新冠肺炎疫情）、初步恢复期（武汉解封，在防控措施下有序恢复）、加速恢复期（景区免费，乡村旅游发展强势反弹）。疫情发生及疫后修复政策对武汉城郊乡村旅游业的需求市场产生了极大影响：游客对乡村旅游地的关注度从断崖式下降到后来出现爆发式增长；且在加速恢复期间城郊景区游客关注度的增长率超过中心城区景区。另外，疫情对游客旅游需求动机和偏好均产生了一定影响，疫情发生后，追寻人生价值、弥补缺憾、珍惜亲子时光等内心更深层次的需求被激发，同时，惠民旅游政策也起到了推波助澜的作用；疫情发生后，游客需求偏好变化则主要表现在对城郊自然山水环境的喜爱、对景区免费活动的响应、对疫情防控高度关注以及餐饮、住宿等需求偏好的变化。

（二）对策建议

1. 认真落实和用活现有的乡村土地政策，切实保障乡村旅游发展用地

乡村旅游大发展导致乡村旅游用地需求激增，而国家实行严格的土地管控政策，建设用地指标供不应求，“有项目、有资金、缺土地、难落实”的现象非常突出，已严重制约了乡村旅游业的发展。通过与多地乡村旅游企业以及政府相关工作人员的交谈，对于乡村旅游发展用地保障方面提出三点建议：

（1）加大乡村旅游用地的政策扶持

建立乡村旅游用地保障机制，对于新增建设用地指标，应明确用于乡村旅游业发展的比例，并加以督促落实；对于通过全域整治盘活的指标，在保障乡村发展的用地指标前提下，在区域范围内向旅游业予以一定倾斜。

（2）细化和落实“点状供地”的政策

中央层面，特别是国家文旅部应该关注各地在旅游用地上的创新实践，并积极协调地方在旅游用地改革中遇到的各种问题；地方层面则应该积极将旅游用地改革中的各种举措信息向国家有关部门报告，通过中央和地方的良性互动来进一步深化旅游用地改革。试点推动工作，是中国改革重要的经验；同样这也应该成为旅游用地改革的重要方式。

目前，浙江、重庆、四川等省市利用“点状供地”政策助力乡村旅游项目落地在一定程度上为全国乡村旅游用地制度提供了宝贵的经验。2019年6月28日，国务院发布了《关于促进乡村产业振兴的指导意见》，探索针对乡村产业的省市县联动“点供”用地，在全国性的文件中第一次提及点状供地。建议国家文旅部会同自然资源部督促各地尽快出台点状供地的实施细则，对点状供地项目在用地规模落实、指标分配、用地出让、确权登记、供后监管等方面做出切合实际的规定，真正用好点状供地政策，解决休闲旅游项目用地落地难问题。

（3）优化用地审批流程并加强指导

一是加大对乡村旅游用地政策的专项研究，对各种旅游用地形式予以明确界定；二是在确保乡村土地合法利用的前提下，尽可能优化和简化审批流程和手续，缩短旅游项目审批时间；三是加大乡村土地政策、法规、土地属性判定等的宣讲和培训力度，培训对象包括：基层旅游行政管理部门管理人员、各类乡村旅游企事业单位负责人等。

2. 加快编制市域乡村旅游发展专项规划，积极引导乡村旅游有序发展

（1）尽快编制武汉城郊乡村旅游发展专项规划

鉴于武汉城郊乡村旅游的快速发展和疫后乡村旅游需求的日益递增，应在武汉市现有的国土空间规划、城乡发展规划、旅游业发展总体规划等基础上，充分结合武汉市基础设施建设、生态环境保护等专项规划加快编制乡村旅游发展专项规划。破除武汉城郊各区行政边界限制，对于乡村旅游产品、旅游功能分区、道路等基础设施建设、乡村旅游咨询服务体系、乡村旅游信息平台建设等进行统一规划和部署。

（2）重点引导乡村文化和农旅类项目优先发展

针对武汉城郊乡村文化挖掘不足、和旅游融合不够，以及旅游与农业的深度融合也不足，且存在旅游产品同质化现象等问题，后期在发展过程中应注重通过产业规划、配套政策、基础设施以及投入资金等进行有序引导。近期重点引导和扶持特色村镇类、乡村文化类以及农业科技类旅游项目优先发展，在建设用地指标、基础设施配套、项目扶持资金、市场营销推广等方面予以一定倾斜。

3. 逐步完善旅游基础设施与公共服务，尽快解决旅游交通瓶颈问题

（1）近期重点加快乡村旅游集聚区的道路交通建设

目前，武汉城郊部分景点节假日和周末的道路交通拥堵现象比较突出，这些热门景点基本位于城郊乡村旅游发展集聚区范围内，现阶段应首先重点解决这几个乡村旅游集聚区的交通瓶颈问题，主要包括：以黄陂木兰旅游风景区为核心的西北旅游集聚区、以东西湖区柏泉古镇和石榴红村为核心的西部旅游集聚区、以江夏区八分山为核心的南部旅游集聚区。

（2）加快推进乡村旅游服务中心和信息平台的建设

目前，武汉市虽已自发形成三大旅游集聚区，但集聚区内各个乡村旅游地并未形成紧密的连接，集聚区以外的乡村旅游地分布则更为分散。不少 A 级旅游景区建有微信公众号、景区官网等网络营销平台，但大部分农家乐和休闲农庄等缺乏统一的信息化宣传渠道。建议加快布局建设乡村旅游服务中心，通过公共换乘打通各个乡村旅游地之间的连接，以有效缓解周末和节假日的交通拥堵问题；另外，应加快建设乡村旅游发展信息化平台，将各类乡村旅游地纳入平台中进行统一管理，以加速城郊乡村旅游地整体的信息化水平，通过信息化技术和网络营销手段在一定程度上缓解因空间竞争而引发的村民内部矛盾。

（3）通过建立行业协会加强对乡村旅游的管理服务

鼓励和促进乡村旅游行业协会的成立，并充分发挥其在标准制定、乡村旅游质量控制、管理及服务人员培训、促销、互助、协调利益争端等方面的作用。另外，还可以尝试在乡村旅游地分布密集地带建立乡村旅游合作社，为各类乡村旅游经营企业提供信息咨询服务，特别是就业信息和市场信息等。在农忙季节通过合作社内信息共享，乡村旅游企业可以合理安排旅游项目的经营管理和游客接待，对于农业生产存在困难的社员可以通过社员之间的互助来弥补劳动力的短期不足。同时，也可以通过乡村旅游合作社对农村居民从事旅游经营活动进行培训和指导，以提升乡村旅游供给质量。

4. 加强疫后旅游产业配套扶持，积极构筑文旅防疫和产业扶持长效机制

（1）适当顺延和进一步优化“与爱同行 惠游湖北”政策

通过景区调研和相关数据显示，“与爱同行 惠游湖北”政策对旅游需求的刺激作用非常明显，活动开展以来，城郊乡村旅游业在采取限流措施的前提下实现强势复苏。但该政策在实施过程中仍存在头部景区过热，不在活动覆盖范围内的非A级景区客流严重下降等问题；且业界人士普遍担忧活动结束后乡村旅游恐又迎来寒冬。对此，建议适当顺延该惠民政策至2021年春季，同时尽可能涵盖更多具备一定条件的景区，另外，细化活动内容和实施方案，通过价格杠杆和预约机制有效分流客流量。

（2）引导需求端、督查供给端，做好常态化防控措施

在后疫情时代，常态化防控成为必然，旅游行政管理部门一方面应继续深入推广文明健康旅游出行新模式：如深化引导“无预约，不出行”的出游意识，推进线上购票和电子购票无接触服务；宣传推广旅游接待中“分餐制”“公筷制”等健康旅游新方式，以形成文明健康旅游新风尚。

另一方面，应继续督促各类型乡村旅游地加强疫后风险防范意识，做好各项常态化防控措施。特别是应对农家乐等非A级景区做好卫生督查、疫后指导和帮扶。目前，虽然大部分景区恢复情况良好，但疫情改变了人们的旅游需求偏好，使游客在外用餐和住宿更为谨慎，这也给很多农家乐的经营带来了挑战，不少农家乐由于经营状况不佳而不得不暂时退出市场。因此，现阶段可以借鉴亚朵酒店推出的安心服务的做法，对于软硬件设施均达到一定标准的农家予以“安全和安心”认证，一是可以有效引导农家乐向高质量转型发展；二是可以进一步增强游客信心，刺激消费需求回升。

（3）注重完善乡村旅游产业链，增加文旅抗风险能力

目前文旅产业抗风险能力弱的核心原因是其盈利模式多以实地“游”为主。建议探索以乡镇为单位的“文旅产业生态区”发展新模式，实现多空间、多业态的产业布局，实现“旅游+”增强区域经济的抗风险性。“旅游+”的产业可以包括：生态农业、物联产业、工业企业、文创产业、研学教育产业、体育产业、数字产业等。充分发挥

产业之间以及各产业与旅游业之间的关联与融合，由乡镇政府予以统筹和协调。

（4）深入挖掘抗疫精神和文化，丰富乡村旅游地形象

在疫情防控武汉保卫战中做出了突出贡献的雷神山、火神山医院都位于武汉城市郊区，同时，位于城郊的多处乡村旅游休闲地和度假区都在阻击疫情的战役中被征用为隔离点而发挥了重大作用。建议充分利用这些抗疫文化遗产，建设抗疫主题公园，同时，以雷神山、火神山医院原址为中心，利用新型数字化技术设备，建设医院动态展览馆，还原展示雷神山、火神山医院在抗疫期间的救治过程，将其打造成为中小学研学旅行新基地，开展爱国主义教育、卫生活动主题教育、环保主题教育等活动。此外，应发挥第七届军人运动会余温，形成“体育 + 文化 + 医疗”的新融合，实现体育文化空间和公共医疗空间的双向实践，同时，可聚合武汉乡村旅游资源禀赋优势，因地制宜地打造特色康养小镇，以丰富武汉城郊乡村旅游地形象。

三、学术价值、应用价值及社会影响和效益

本研究报告综合考虑城郊乡村旅游发展现实状况与新冠肺炎疫情造成的旅游需求环境变化，将为新时期城郊乡村旅游发展提供重要的智力支撑，其实际应用价值主要表现在：（1）对乡村发展而言，城郊乡村旅游产业恢复、调整和转型发展对于我国城郊乡村振兴意义重大；（2）对城市发展而言，环绕主城区的城郊乡村空间是极其珍贵的生态、景观、文化防护网，如何通过空间政策和产业政策的制定引导城郊乡村旅游转型发展，对于城乡旅游资源的合理开发、利用以及城乡居民生活质量的提升意义深远；（3）对武汉市而言，武汉市是此次新冠疫情的震中，旅游业受到严重冲击，积极探索新冠疫情影响下城郊乡村旅游修复调整和转型发展对于武汉市灾后重建和恢复调整意义重大。

文旅融合视域下公共文化服务特许经营的政府规制研究

负 责 人：张海霞
依托单位：浙江工商大学
起止日期：2020 年 5 月—2020 年 11 月

一、研究目的与意义

公共博物馆、文化馆、美术馆、科技馆等公共文化场馆兼具旅游与文化发展的载体功能（张朝枝，2020），是文旅融合时期文化系统与旅游系统思维对接的关键领域（张树民，2019），更是我国推进文化和旅游公共服务机构融合试点工作的突破点。然而，我国公共文化服务存在供给矛盾、配置失衡、国民认同不足等问题（曹福然、詹一虹，2019），成为挖掘文旅融合潜能、提升公共文化服务质量的制约性因素。借鉴其他国家实施文化场馆特许经营的经验，依托公共文化场馆打造我国文旅融合精品（夏长杰、周玉林，2019），充分利用社会资本更有效推进文化保护、游客体验、经济发展平衡，研究建立科学的公共文化服务特许经营规制十分必要：

我国亟须构建“精准高效型”特许经营管理体制，以推动公共文化场馆的科学治理。特许经营作为缓解公共财政压力、提高公共文化服务设施治理效率、激活社会资本活力的重要工具，揭示其内在机制，评估不同体制安排下的管理效能和各类项目适用性，根据博物馆、文化馆等不同公共文化场馆精准识别特许项目范围和责权关系，建立高效特许经营管理体制，可为我国文旅融合背景下公共文化场馆的科学运营提供创新驱动。

我国亟须建立“品质优先型”特许经营运营机制，以实现公共文化场馆的有序利

用。失衡不确定的契约关系和有限不稳定的资金保障是导致文化场馆运营质量低，催生“闲置场馆”的根源。针对公共文化场馆特许经营可能面临的契约与资金约束，探索政府与特许经营受让人“对等合同关系”的实现途径，以激发政企“文化保护责任意识”为出发点构建长效的合同管理机制，可为文旅融合背景下我国公共休闲文化利用开拓永续之道。

我国亟须做出“全民共享型”特许经营制度安排，以增进公共文化场馆的福祉效用。各国普遍重视公共文化场馆特许经营项目的经营效率，“重建设、轻反哺”的供给问题成为制约公共文化场馆福祉效用的障碍性因素。如何通过制度安排让参观者享受到公共文化场馆更高的体验质量，让国民和居民享受公共文化服务的福祉溢出，充分发挥培育国民认同感和凝聚力的空间功能，是事关我国公共文化服务福祉效用的现实命题。

二、主要内容、重要观点、对策建议

（一）主要内容

本项目整体建立在“价值—制度—治理”的分析逻辑之上，通过“价值建构—制度解构—政策重构”的技术路径，沿着国外经验分析和国内现状评估两条主线，从目标实现与问题（WHY）、原则与范围（WHAT）、制度保障（HOW）三方面剖析公共文化服务特许经营机制，研究提出构建公共文化服务的特许经营规制建议。围绕此目标，综合运用案例分析法、演化分析法、内容分析法、状态—压力分析法等方法，研究内容如下：

1. 公共文化服务特许经营的理念与范围规制研究

（1）公共文化设施的商业服务模式。收集法、英、美、日等典型国家的资料，聚焦公共博物馆、文化馆、美术馆、科技馆四个公共休闲场馆基本类型，在前期成果基础上，梳理建构基于类型的公共文化设施商业服务模式。

（2）公共文化设施商业服务模式演化与模式比较。分析比较国外公共文化服务场馆特许经营模式的发展、主要差异及其原因。

（3）公共文化服务特许经营理念与业态范围。在杭州案例调研与分析基础上，分析我国公共文化服务场馆的特许经营情况，提出特许经营管理的目标定位，划定公共文化服务特许经营的业态范围。

2. 中外公共文化服务特许经营比较研究及启示

（1）中国公共文化服务发展历程与关键问题。收集公共文化服务发展政策文本和文献资料，分析发展历程及阶段特点，结合国外经验，提出公共文化服务发展的关键问题。

（2）杭州公共文化设施商业服务现状评估与反思。分析博物馆、文化馆、科技馆、美术馆等公共文化服务设施的空间供给特征和居民需求特征，分析供需关系。

（3）中国公共文化设施商业服务业态与模式。根据杭州调研数据，结合国内外经验，梳理总结公共文化设施的特许经营业态和典型模式，提出影响公共文化服务高质量发展的影响因素。

3. 面向有效治理的中国公共文化服务特许经营规制研究

根据有效治理理论框架，从产权、资格两方面探讨特许经营规制对策：

（1）公共文化服务的特许经营产权规制研究。结合国外公共文化服务特许经营管理的组织机构建设经验，根据公正、公平、效率原则，提出我国公共文化服务特许经营管理机构设置的建议，明确公共文化服务特许经营、管理、监督、裁决主体及其权责关系。

（2）公共文化服务的特许经营资格规制研究。梳理国内外公共文化服务及典型公共文化服务场馆的特许经营相关制度文件，提出特许经营项目和特许经营者的准入条件。

4. 面向目标管理的中国公共文化服务特许经营规制研究

根据目标管理理论框架，从空间、项目、内容三方面探讨特许经营的规制对策：

（1）公共文化服务特许经营的项目规制研究。收集相关资料，分析国外公共文化服务特许经营项目的合同、资金管理机制，从范围、期限、受让主体等维度诊断特许经营项目合同管理的一般性问题，结合我国实际提出适合我国国情的公共文化服务特许经营合同规制机制。

（2）公共文化服务特许经营的过程规制研究。分析基于类型的国内外公共文化场馆流程管理、监督规制现状，研究提出公共文化场馆的过程规制方案，促进文旅产品价值转换和升级迭代。

（二）重要观点

第一，理论边界的模糊会导致公共文化服务经营性项目管理失序。文化权利理论和多中心公共供给理论是公共文化服务供给的理论支持。全球各国对公共服务事业的

发展是在公共管理理论的主流地位被公共服务理论替代后出现的。然而不仅基本公共服务与非基本公共服务在目标、概念、范畴、属性上存在较大差异，且公共文化服务特许经营不同于以企业利益最大化为目标的“商业特许经营”，而以公众利益最大化为目标；不同于以政府付费和非营利性为特征的“政府购买服务”，而以消费者付费和营利性为特征；不同于接受尽可能多申请人的“一般行政许可”，而以寻找最佳受许人为路径。应在明确概念边界基础上，确定特许经营的价值诉求与业务范围，以提高公众体验质量为目标导向，由政府经过竞争程序优选受许人，依法授权其在政府管控下开展规定期限、性质、范围和数量的经营活动。

第二，公共文化的商业服务供给三大模式。19 世纪到“二战”前，国外公共文化服务处于探索性的“自由放任阶段”；20 世纪 50 年代到 80 年代中期，在以法国为代表的欧洲国家推动下，公共文化服务迈入“现代管理阶段”；90 年代到 2000 年年初，受新公共管理理论影响，公共文化服务进入转型期，逐渐形成比较成熟的公共文化服务管理体系。梳理国外公共文化商业服务发展，根据管理部门、运行方式、资金来源的不同，存在以法国、日本为代表的政府主导型公共文化服务模式，以美国、德国为代表的市场主导型公共文化服务模式，以英国、澳大利亚为代表的社会共建型公共文化服务模式。

第三，我国公共文化服务经历了从普惠化到均等化，并逐渐迈向均质化的发展历程。面向公民需求的基本公共服务理念逐渐形成，并呈现出“普惠化—均等化—优质化”的梯度递进规律。2020 年党的十九届五中全会提出“公共文化服务体系和文化产业体系更加健全，人民精神文化生活日益丰富，中华文化影响力进一步提升”，“要提高社会文明程度，提升公共文化服务水平，健全现代文化产业体系”的工作任务，我国公共服务的供给方式将迈入“优质化”的转型发展新阶段，将从“政府主导的多中心主体”逐渐发展到“竞争中多中心主体”发展阶段，多元主体广泛参与公共文化服务，形成包容开放的多元公共文化服务供给模式是大势所趋。

第四，我国公共文化设施商业服务的主要类型与三个典型服务模式。根据杭州案例分析，公共博物馆、图书馆、文化馆、美术馆、科技馆等公共文化设施已经形成了以“购物”“文创”为主体包括文创小商店、休闲书店、休闲餐饮、特色文化体验店、特色展览、专题培训及其他业态的商业服务类型。并形成了以良渚博物馆为代表的文创驱动模式、以中国丝绸博物馆为代表的网红驱动模式、以浙江自然博物馆为代表的周边协同模式。

第五，我国公共文化服务的特许经营实践存在规制失灵。管理范畴层面，存在将

政府购买服务等同于特许经营，扩大特许经营项目的外延等伪特许经营问题；宏观管理体制层面，存在特许经营管理的职能交叉，维持社会正义性上的政府缺位，诚信监管不足，资金机制未实现公益、公平、公开等偏离公正效率目标的问题。

第六，失衡不确定的契约关系和有限不稳定的资金来源是催生“闲置场馆”的根源。公共文化服务特许经营项目多属政府无法确保高效运营的公共领域，很难以简单竞争原则确定受让主体，故需通过前置规则的设定来实现特许竞标人的分流分类竞争，同时兼顾特许经营的科学配置。因此如何充分利用文旅融合新契机，研究提出最具有适应性的公共文化服务特许经营规制机制，促进文化自信与繁荣已时不我待。

第七，科学建构公共文化服务特许经营概念与基本内涵。公共文化服务特许经营是指根据公共文化设施的管理目标，为提高公众文化生活质量，由公共文化管理机构经过竞争程序优选受许人，依法授权其在政府管控下开展规定期限、性质、范围和数量的商业经营活动，并向公共文化管理机构缴纳特许经营费的过程。基本内涵：第一，公众受益、全民共享；第二，集中统一、规范高效；第三，精准有序、公开公正。

第八，全面实施特许经营管理，提高我国公共文化服务能力。以习近平新时代中国特色社会主义思想为指导，全面贯彻党的十九大和十九届二中、三中、四中、五中全会精神，健全公共文化服务体系，公共博物馆、文化馆、图书馆、美术馆等公共文化设施全面实施商业服务特许经营管理，着力构建管理科学、运营高效的公共文化特许经营管理体制和运营机制，进一步完善保障机制，提升公共文化服务水平，促进满足人民文化需求和增强人民精神力量相统一，推进社会主义文化强国建设。

（三）对策建议

（1）坚持三个基本原则，开展七大业态范围的公共文化服务特许经营。第一，公众获得更加享受；第二，经营服务更加高效；第三，文化建设能力得到提升。建议公共文化服务特许经营项目范围为：①文创商店；②休闲餐饮；③特色文化体验店；④特色文化展；⑤特色文化培训；⑥文化活动许可；⑦其他。

（2）厘清公共文化服务产权关系，开展特许经营产权规制。一是明确国家政府对公共文化服务的国家所有权；二是依法明确文化和旅游部代表国家行使的特许经营管理权；三是依法明确特许经营受许人享有公共文化服务的商业服务经营权。

（3）实施分区分类管理，加强公共文化空间规制。一是高经济发展水平—高文化设施供给区、高经济发展水平—低文化设施供给区的公共文化设施，考虑人流密集和建馆成本，实施多样化、主题化的公共文化空间规制战略；二是低经济发展水平—高

文化设施供给区的公共文化设施，实施区域联动发展的公共文化空间规制战略；三是低经济发展水平—低文化设施供给区的公共文化设施，实施建设特色大型场馆的公共文化空间规制战略。

（4）严格商业服务的准入资格条件，开展特许经营资格规制。一是公共文化设施管理机构应在总体规划基础上，编制《特许经营项目实施方案》；二是公共文化设施的商业服务项目准入应满足三个基本前提条件。

（5）促进产品更新迭代，开展项目规制。一是公平特许，成立特许评标机构；二是有限特许，限制特许经营项目数量；三是有序特许，严格特许项目评标程序。

（6）推进科学规范管理，实施过程规制。一是加强特许经营项目的价格管理；二是深化特许经营项目的规范管理；三是实施特许经营项目的流程管理。

（7）提升群众文化生活质量，加强内容规制。一是鼓励发展场景化特许经营项目，推动公共文化服务创新；二是大力推动数字化特许经营项目，加快公共文化产品升级；三是全面建设平台化项目传播体系，夯实公共文化社会认同；四是加快建设高水平服务人才队伍，实现公共文化服务专业化。

三、学术价值、应用价值及社会影响和效益

第一，本项目提出了从“规制失灵”到“规制变革”的公共文化服务特许经营先验探索。解构公共文化服务特许经营相关制度，理论上分析公共文化服务、政府特许经营的范围边界，探索公共规制研究在公共文化服务领域的应用和发展。

第二，解析了从“普世价值”到“中国实情”的公共文化服务特许经营演化逻辑。解析各国公共文化服务特许经营的范畴，梳理国外公共文化设施商业服务的主要模式与演化规律，探讨公共文化服务特许经营的普适性价值内涵，基于中国现实情境提出本土化价值内涵，为后续更微观的公共文化服务特许经营管理研究确立了逻辑起点。

第三，为我国公共文化服务系列文件的出台提供了直接有效的决策参考。尝试破解我国公共文化设施运营低效、场馆闲置的根源性问题，为充分利用社会资本进入公共文化领域，更有效推进符合中国特色价值观的优秀文化传承，建构公共文化产品体系，建设提升人民群众幸福感、获得感的公共文化服务供给体系提供政策依据。

新冠肺炎疫情后中国高星级饭店服务管理创新研究

负 责 人：唐 玮
依托单位：遵义师范学院
起止日期：2020年5月—2020年11月

一、研究的目的和意义

新冠肺炎疫情对整个高星级饭店行业产生了重大的影响，人们对风险的认识以及疫情带来的沉痛现实逐渐改变人们的工作、生活、行为方式和习惯，这些改变对于高星级饭店市场疫情后的复苏来说具有较大阻碍。通过对高星级饭店进行实地调研，对其顾客进行问卷调查，基于新冠疫情后高星级饭店面临困境的分析，反思高星级饭店服务管理存在的漏洞，就此提出针对性的应对方案，升级高星级饭店经营管理模式和理念，打造新的服务产品去适应高星级饭店顾客新的需求，为酒店业的全面复苏提供参考。

对饭店和饭店顾客的调查综合分析后提出的服务与管理的创新观点可以促进高星级饭店疫情后的复苏，对解决服务管理方面的问题有一定的实际意义。对新冠疫情后市场的变化和顾客需求的调查分析有助于高星级饭店更有效地升级产品，为顾客提供不一样的体验，增加酒店的收入。

二、主要内容、重要观点、对策建议

（一）新冠疫情暴发后高星级饭店面临的困境

1. 顾客需求升级

（1）卫生需求升级

从对高星级饭店顾客进行问卷调查仅疫情暴发前后顾客选择酒店的标准排序综合得分结果来看，疫情暴发前后饭店的卫生条件都是顾客首要考虑的因素。疫情后更多的顾客将饭店的“干净卫生”排在了选择饭店时的首要考虑因素。另外调查对象中有95.11%的顾客表示非常希望饭店提升其卫生清洁标准，有90.67%和85.78%的顾客分别表示希望对公共区域和客房区域进行重点清洁消毒，饭店的卫生清洁标准和卫生条件或将成为顾客选择饭店产品时的衡量标准。

（2）多元化需求凸显

问卷结果显示，顾客除了希望饭店能有智能入住系统和客房智能系统外，针对疫情期间出现的体温监测系统、环境消毒机器人系统等需求都较高。85.78%的顾客认为饭店应用人工智能系统能让办理入住、退房等程序更加有效率；通过疫情的考验后，68.89%的顾客认为应用智能系统能减少人与人的接触，降低新冠疫情的感染风险。除此之外，顾客还认为饭店智能系统的应用能体验到科技的新鲜感，也同时保证了顾客的隐私。可见，顾客除了希望体验科技的新鲜感，提高各项程序的办理效率以外，疫情暴发后顾客升级的卫生需求更加坚定其希望通过智能系统替代部分传统人工服务，满足其减低病毒感染风险的需求。

另外需要说明的一点是，虽然接受调查的顾客都表现出对饭店智能系统的关注和期盼，但有80.89%受访者希望饭店提供“人工智能服务+传统服务”的模式，只倾向于其中一种单项服务模式的占极少数。

2. 酒店营销受阻

对比2020年上半年全国高星级饭店经营情况和平均指标发现，全国四星级饭店第一季度平均房价为305.77元，同比下降4.94%，五星级饭店第一季度平均房价为564.77元，同比下降6.49%；全国四星级饭店第二季度平均房价为298.44元，同比下降10.33%，五星级饭店第二季度平均房价为490.85元，同比下降26.47%。全国四星级饭店第一季度平均出租率为21.90%，同比下降54.78%，五星级饭店第一季度平均出租率为22.09%，同比下降59.58%；全国四星级饭店第二季度平均出租率为32.61%，同比下降 41.65%，五星级饭店第二季度平均出租率为 30.09%，同比下降 51.52%。

结合 A、B 两家高星级饭店 1—8 月的经营情况来分析，全国的高星级饭店受疫情影响营业收入都呈现大幅度下滑。从单体饭店的财务数据来看，过度依赖传统产品的饭店在受到公共突发性疫情冲击时对其传统产品板块收益影响极大。受新冠疫情影响，饭店市场恢复较慢，饭店营收下降显著，固定成本带来的压力持续存在，饭店全年的业绩都会受到很大影响，若长时间处于亏损状态，酒店的资金链必然存在断裂风险。

（二）通过困境反思高星级饭店服务管理漏洞

1. 软硬件服务漏洞

（1）软件服务有防疫漏洞

不论是饭店前厅部还是餐饮部，要求和客人面对面保持良好的沟通，尽量去了解客人的各类信息与需求并且尽量予以满足，增加了和客人直接接触的频率。另外餐饮部在点餐或送餐过程中的卫生细节把控也增加了病毒传播的可能性。

（2）硬件设置有防疫漏洞

对比《旅游饭店星级的划分与评定 》（GB/T 14308—2010）和商务部发布的《酒店建筑用于新冠肺炎临时隔离区的应急管理操作指南》（表 1），发现高星级饭店硬件设置有如下漏洞：

首先，通过实地调研发现绝大多数高星级饭店选择铺设地毯，甚至是造价高昂的手工地毯。地毯会起到保暖、隔音等作用，但是地毯也容易藏污纳垢，且粉尘和污渍长期积累后不易被清洁，如果环境潮湿则更易加剧各种有害细菌的滋生，对入住客人的健康构成极大影响。若是遇到类似新冠疫情这样传播性极强的流行性疾病突然暴发，饭店的地毯清洁方法并不能杀除病毒，地毯就成为疫情期间重大的安全隐患之一。

其次，应急指南指出优先选择安装变频、变冷媒多联空调的酒店，其中对新风系统的使用指导较为详细和突出。《旅游饭店星级的划分与评定》释义里虽然对饭店空调系统以及中央空调的分类做了详细说明，但并未对新风系统的使用安装要求有具体说明。近年来新建的高星级饭店都安装了中央空调，但若是新风的取风处或者空调及新风系统的清洁消毒达不到要求时，即便是非疫情期间，风道内的积尘或病毒也会随着空调风到达酒店各个房间，反而对住店客人的健康产生影响。

最后，应急指南内提出的红外线测温仪、关于疫情的标识提示等，在目前的星级评定标准内并未提及。因为在本次疫情发生前，这些不属于顾客消费或住宿过程中的

必需品，但新冠疫情后饭店要做好随时备战未知突发流行性疫情的准备，这些设备就成了饭店的必备项目。

表 1　硬件要求对比分析表

<table>
<tr><th>标准
项目</th><th>应急指南内容</th><th colspan="2">星级评定标准内容</th></tr>
<tr><td rowspan="2">地面</td><td rowspan="2">客房区域为硬质瓷砖或木地板铺设，强调“非地毯铺设地面，便于日常及疫情后清洁消毒”。</td><td>四星级</td><td>客房室内满铺高级地毯，或优质木地板或其他高级材料。
走廊及电梯间地面应满铺地毯或其他高档材料。</td></tr>
<tr><td>五星级</td><td>客房室内满铺高级地毯，或用优质木地板或其他高档材料装饰。
走廊及电梯间地面应满铺地毯或其他高档材料。</td></tr>
<tr><td rowspan="2">空调通风系统</td><td rowspan="2">优先选择分体式空调或变频、变冷媒多联空调酒店，每个房间应具备独立的新风送（排）风和过滤系统，防止病毒传播。
强调“客房如果采用集中回风处理且不带新风的空调系统，应关闭所有空调机组，封闭全部客房的出风口和回风口”。设置机械通风装置或具备可开启外窗。</td><td>四星级</td><td>总体要求应有中央空调（别墅式度假饭店除外），各区域通风良好。</td></tr>
<tr><td>五星级</td><td>总体要求应有中央空调（别墅式度假饭店除外），各区域空气质量良好。</td></tr>
<tr><td>防疫设备</td><td>鼓励饭店前台提供免洗杀菌消毒手液和红外线拍照测温仪。</td><td colspan="2">—</td></tr>
<tr><td>标识提示</td><td>在饭店入口、大堂、前台、走廊、电梯间等公共区域明显位置，应设置疫情防控标识提示。</td><td colspan="2">配有服务指南、住宿须知、所在地旅游资源信息和旅游交通图等。可提供与住店宾客相适应的书报刊。</td></tr>
</table>

2. 高质量人才缺乏引发的连环问题

通过对 2015—2019 年全国高星级饭店数量以及从业人员指标统计进行综合分析发现国内高星级饭店人力资源的流失严重，特别是高层次管理人才的缺乏导致各饭店管理混乱，对市场需求的判断能力、产品创新能力较弱，饭店缺乏市场竞争力，产品陷入低价竞争等不良怪圈，饭店经济效益低下。一旦危机出现，缺乏应急培训和演练的团队陷入混乱，饭店运营无法正常持续进行。

（三）创新对策分析

（1）针对酒店传统服务方式存在的漏洞，以及对比《旅游饭店星级的划分与评定 》（GB/T 14308—2010）与《酒店建筑用于新冠肺炎临时隔离区的应急管理操作指南》发现的饭店硬件存在的漏洞，需要相关部门进行宏观调整。首先从《旅游饭店星级的划分与评定》中的“安全管理要求”部分专门强调“酒店防疫抗疫设施设备的配置及有效运行，确保应急预案执行人员的责任到位”，消除应急管理条例虚设的状况。建议在必备检查项目中增设“健康检查区”作为评分把握时的加分项，健康检查区是用以未知疫情突发时进行临时健康检查用的区域，灵活设定地点，灵活使用。此外，建议必备检查项目还可增加防疫抗疫设备，例如常规消毒用品的配备、增设红外体温监测仪、自动消毒机器人等。客房内还可增加卫生健康宣传资料，此类项目都可在评分把握时作为加分项存在。

其次，应急指南中提出的“地毯”问题，建议在星级评定标准中进行调整，不要作为突出选项进行说明，并且评定标准中可强烈推荐其他高级环保材料替代地毯的使用。

另外根据应急指南提出的“中央空调”问题，建议星级评定标准对“采暖与制冷”要求的部分，对“中央空调系统”选择原则除了“节能降耗、绿色环保”外，增加“满足防疫需求”。之后从评分标准的把握上提升“地热使用”的分值，引导饭店对卫生环保的地热系统的使用，降低冬季中央空调的使用频率。“新风系统”问题建议从星级评定标准释义中对系统从新风进风口等细节的安装到系统的使用要求进行说明，保证饭店新风系统能达到防疫抗疫标准，以备再次发生未知疫情时新风系统能达到防疫标准。

从饭店层面出发需要引进智能系统替代部分传统服务，提高饭店服务的效率，增强未来未知疫病发生后的防疫强度，满足顾客卫生安全需求和对服务模式的多元化的需求。

（2）由高质量人力资源缺乏导致的高星级饭店在服务管理上出现的漏洞需要从源头上解决问题。人力资源的培养首先要从国家教育层面出发，重视酒店专业的建设，推进酒店专业的科研发展，从校园开始培养高质量的人才。另外饭店内部也要从员工中择优培养，进行高质量人力资源的开发，可以在相对较短的时间内缓解高星级饭店高层次人力资源匮乏的困境。

（3）在疫情期间暴露出来的酒店传统产品的弱点需多方面改善，产品的升级创新是刻不容缓的，除了要考虑对本地市场的深入挖掘，还要考虑升级创新产品的防疫需求。升级创新要打破原有的营销模式，从“推销产品”升级为“定制产品”“上门服务”，实现饭店服务产品的高级定制，满足顾客更多元的需求。

（4）5G 网络时代的到来为顾客提供了更广的平台去获取饭店相关信息和进行产品的购买。饭店要全方位利用各类平台和渠道展开营销工作，展示饭店的服务产品，饭店官网和饭店公众号作为顾客关注度最高的两个平台，其维护升级工作极为重要。另

外，自媒体时代也让顾客对产品使用感受及其评价的传播速度和效率都大有提升，所以饭店要提供创新的、高质量的产品吸引和满足更多顾客才能形成良好的口碑宣传。

（5）对相关数据分析发现疫情发生后 OTA 平台对于饭店产品的销售和收益的提升起到了重要的作用，OTA 平台的资源整合能力与销售创新能力是高星级饭店在疫情后根据自身需要可以借助的优质资源。通过与合适的 OTA 平台的合作可以帮助高星级饭店恢复元气，获取更多的客流。

（6）突发疫情给高星级饭店带来的冲击巨大，也反映出饭店应急机制的虚设，危机管理能力低下的状况。疫情后饭店需要总结经验教训，成立应急机动小组重整应急机制预防未来危机事件的发生。此外，通过回归社区、回馈社会展示饭店的社会责任感，树立良好的企业形象，也是饭店危机管理的一个重要部分。

三、学术价值、应用价值及社会影响和效益

（1）本研究基于满足高星级饭店顾客卫生需求的角度，对高星级饭店建设和硬件配置具有指导意义的《旅游饭店星级的划分与评定》（GB/T 14308—2010）中寻找高星级饭店存在的硬件漏洞，这是本研究的创新点。

（2）从国家教育层面出发关注高校酒店管理专业的发展。首先，有利于高层次人才的培养，长远看是解决酒店行业人才匮乏的必经之路；其次，国家层面对酒店管理专业的重视可以引导社会民众及酒店从业人员正确看待酒店行业，有助其树立正确的行业价值观。

（3）提出高星级饭店需升级创新产品回归本地市场、回馈社会等的策略，是现代企业发展需要重视的一点。当代企业树立社会责任感，不仅仅是为了树立良好的企业形象，更是当代企业为构建和谐社会应尽的责任。

（4）基于预防未来不可预知公共突发流行性疫情对高星级饭店的影响，通过对比《旅游饭店星级的划分与评定》（GB/T 14308—2010）与《酒店建筑用于新冠肺炎临时隔离区的应急管理操作指南》后，提出酒店硬件存在的漏洞需要相关部门进行宏观调整，通过增加及修改星级饭店评定标准的部分内容，引导高星级饭店进行漏洞的修复的系列策略较详细，且具有一定的实效性，从长远来看是有利于高星级饭店的良性发展的。

（5）针对满足顾客卫生安全需求与多元化需求，提出的酒店引进智能服务系统的建议，符合当下社会发展的潮流，更能满足顾客多元化的需求，并且有足够的技术支

撑可以实现，增强了高星级饭店未来发展的竞争力。

（6）提出的高星级饭店层面应根据企业自身需求进行人才的内部培养与选拔，可以在相对较短的时间内缓解高星级饭店高层次人力资源匮乏的困境，同时也可促进高星级饭店改善其人力资源管理模式。

（7）为了打破传统产品带来的营销困境提出的产品的升级创新，进行酒店产品的高级定制服务，可提升高星级饭店运营活力，促进需求市场的升级，同时也进一步促进高星级饭店产品升级进入良性循环。

乡村旅游典型类型及扶持政策研究

负 责 人：马　波
依托单位：青岛大学
起止日期：2020 年 5 月—2020 年 11 月

一、研究的目的和意义

鉴于我国乡村旅游及相关政策的类型学研究明显滞后于现实需求，本课题基于多维度组合分类分析，通过建构“可接受的规模化成长（Acceptable & Scalable Growing，ASG）”模型，从乡村旅游广谱实践体系中选择出若干典型类型，并逐一开展结构—功能系统分析，进而寻求政府作用发挥的合理方向与方式，探讨乡村旅游政策类型化演进的必要内容，服务我国乡村旅游的转型升级。

乡村旅游发展是一种实践智慧，也是一种智慧实践，是合目的性与合规律性、价值原则与真理原则的统一。本课题力求深化我国乡村旅游的类型研究，从聚焦于政府功能高效发挥的政策优化目的而论，研究意义集中体现在为宏观决策提供科学服务的应用价值层面；从追求规律的过程而论，又有明显的理论意义，ASG 分析模型的提出与应用，有助于推进乡村旅游理论研究的在地化和中国化进程。

二、主要内容、重要观点、对策建议

（一）主要内容

课题报告的主要研究内容集中在以下三个方面：

第一，从城乡空间关系（近郊、中郊、远郊）、主导驱动因子（禀赋、市场、资本）和经营主体组织（内主、外主、混合）三个维度的组合分类分析入手，通过建构 ASG 模型，开展我国乡村旅游发展典型类型的提炼。

第二，基于理论逻辑和案例经验，对所确立的典型类型逐一展开结构—功能分析，揭示其在总体走向、动力体系、生长机制、主体矛盾关系等方面的特征。

第三，基于上述的结构—功能分析，进一步增加政府变量，研究政府介入的适宜程度、方式和方法，以及由此构成的新的乡村旅游利益相关者结构网络，进而在乡村振兴战略“二十字”方针的指引下，开展各典型类型扶持政策的建构与实施策略研究。

（二）重要观点

本课题研究报告的重要观点包括：

（1）中国的乡村、乡村发展和乡村旅游发展，与西方发达国家情形迥异，迫切需要理论和实践的本土化推进。

（2）要从开创新型城乡关系的高度来认识和发展乡村旅游，其扶持政策应当超越“乡村功能”的局限。

（3）类型化演进，尤其是针对典型发展类型的政策具化，无疑是当前我国乡村旅游政策改善的主趋势和突破点。

（4）确立的乡村旅游典型类型包括整体保护利用型、休闲农业带动型、工商资本驱动型、城镇化带动型（田园综合体、特色小镇）和都市区再造型等。

（三）对策建议

本研究报告的政策建议包括两大部分：

1. 总体性建议

（1）乡村与乡村旅游发展进入新的演化阶段

站在新的历史起点上回顾过去和展望未来，我国的乡村已经发生且还将发生深刻的变化。在党中央的英明领导下，乡村振兴战略深入实施，脱贫工作取得全面胜利，乡村格局和面貌发生了巨大改变，亟须加以重新认识和分析。首先，城乡二元结构得到明显改善，城乡流动日益频繁，城市吸纳了大量乡村人口，就地城镇化和正在兴起的都市化塑造了新的城乡关系，城乡差距开始缩小，乡村的经济、社会、文化地位日渐提升。其次，乡村已经超越了农村的语义范畴，基础设施建设突飞猛进，人居环境明显改善，非农产业得到良好发展，对城市工商资本和中高阶层的吸引力越来越大，村民不再等同于农民。同时，随着土地制度和户籍制度的改革，乡村制度壁垒日渐消

解，文化自信日益加强。可以预计，在“加快构建以国内大循环为主体、国内国际双循环相互促进的新发展格局”的新时代，乡村的地位和价值会进一步彰显。

在我国乡村面貌发生天翻地覆的进程中，乡村旅游发挥了独特而巨大的作用，被证明是乡村振兴的一条高效路径。同时，得益于积极有力的国家政策，乡村旅游伴随着乡村发展而迅速广布化、多样化和高度化。时至今日，我国的乡村旅游已经进入转型升级时期，起步阶段的初级发展方式虽然依然存在，但已非主流，文旅融合、产业融合、城乡融合高歌猛进，产品升级、企业升级、产业升级速度不断加快，经济影响、社会影响、生态影响持续放大，亟须各级政府重新认识乡村旅游业，并及时优化乡村旅游政策投入。

当前，我国乡村旅游政策的优化，首先需要实现从此前的宏观性、战略性、一般性指导转向类型性支持，其中对典型类型的扶持尤为当紧。其次要按照新时期国家总体战略的要求和乡村发展的新使命，调整和充实政策内容。

（2）乡村旅游政策制定需要从部门主导转向类型主导

乡村旅游既具有复合性，又具有专门的针对性。鉴于乡村旅游在国民经济和社会发展中的重要地位，以及乡村旅游自身所处的转型升级阶段，有必要提出，乡村旅游政策的制定，应当实现从部门主导向类型主导的转变。

长期以来，我国的乡村旅游政策制定，呈现“政出多门”的特点。比如，农业农村部门出台休闲农业发展政策、文化文物部门出台乡村文化旅游政策、住建部门出台特色小镇政策、环保部门出台乡村生态旅游政策、财政部门出台乡村旅游奖补政策、土地部门出台乡村旅游用地政策等。这样的形制固然有利于调动各方面的力量且能加快政策下达的速度，但往往会降低乡村旅游发展的专业性和系统效应。特色小镇和田园综合体建设的走偏和弊端丛生就是典型的例子。

推动乡村旅游的类型化演进，意味着政策的制定需要瞄准具体类型的要害，需要强化旅游整体功能，因此，政策的制定适宜走多部门合作的路子，旅游主管部门应当充分发挥系统统筹的作用。

（3）以人民为中心推动乡村旅游政策的类型化演进

乡村旅游政策的类型化演进需要始终坚持以人民为中心，把满足城乡居民对美好生活的需要放在首位，兼顾经济效益和公平公正两个主题。

乡村居民是乡村旅游发展的主人，制定乡村旅游政策不能只看重乡村旅游的价值而忽视乡民的权利，否则，乡村旅游必将步入歧途，沦为城市化的附庸和投资商的幌子。不得不承认，由于历史原因，在大多数地方，村民在经济、文化、政治等多方面

的关系中处于劣势，需要政府的特别保护。尊重乡村居民的主体地位要落实到过程公平和结果公平两个环节，既要保证他们的决策参与权，也要充分享受发展的成果。

公平公正是乡村旅游实现可持续发展的基础，需要拓展到乡村居民、游客、旅游投资商、村集体组织和地方政府的多元关系网络之中，短期靠政策，长期靠制度建设。换言之，政策制定要能够有效地引导制度建设。

（4）科学推动乡村旅游政策的类型化进程

推动乡村旅游政策的类型化演进是一个系统工程，前期的专题研究、中期的试点工作和后期的实施评估是缺一不可的。

专题研究需要理论和实践相结合。中国特色社会主义市场经济理论是最为重要的思想源泉，城乡关系与乡村发展理论、制度经济学理论、可持续发展理论等都可为深化研究提供直接的思维营养。我国的本土化实践蕴含着丰富的智慧，亟须挖掘整理；发达国家的历史经验，如日本的都市农业模式和都农共生机制，足资吸收借鉴。

在类型化扶持政策建构完成雏形后，建议选择合适的点予以试行，在实践中加以完善。

建议文化和旅游部吸纳产政学研各界专家，组建乡村旅游发展智库，为乡村旅游类型化政策的制定、标准的开发、试点工作的开展和后期的政策评估等提供高级人力支持。

2. 乡村旅游典型类型的政策扶持建议

（1）整体保护利用型乡村旅游扶持政策建议

第一，设国家级和省级两个级别，从独特性、典型性、代表性和文化价值性等方面入手制定标准，遴选出一批国家级和省级整体保护利用乡村，参照文化遗产地保护利用办法予以管理运营。

第二，国家级整体保护利用型乡村的遴选宜精不宜多，基本经费由中央财政承担，日常管理由乡村所在地县级政府负责，实施特许旅游经营制度。

第三，省级整体保护利用型乡村的遴选数量由各省视省情而定，基本经费由省级财政承担，日常管理由乡村所在地县级政府负责，保护与利用方案需经国家主管部门审查批准。

第四，对整体保护利用型乡村的村级组织改造予以引导和指导，使之能够适应文化遗产地保护利用的统一要求，能够有效约束乡村生产、生活行为。

第五，确保整体保护利用型乡村居民的综合收入水平高于所在地区的平均水平，以实现可持续发展。

（2）休闲农业带动型乡村旅游扶持政策建议

第一，破解土地流转障碍，鼓励农地集约利用，推动农业规模化经营，支持特色农业开发。

第二，通过技术扶持和金融支持手段，加快乡村新六产的发展，尤其要突出农副产品深加工、乡村电商、乡村文创产业化。

第三，鼓励内生型乡村旅游发展模式，优先扶持农民专业合作社经营主体，适当抬高城市资本进入的门槛。

第四，适当放宽旅游配套用地比例指标，给经营主体提供足够的自主权，从而适应休闲旅游开发对体验性、灵活性和品质性的要求。

第五，鼓励引导休闲农业与生态旅游、民俗旅游、中小学生研学旅游等旅游形式的耦合发展。

（3）工商资本驱动型乡村旅游扶持政策建议

针对该类型的政策制定与实施，核心诉求在于建构涵盖投资商、乡村社区和当地政府三个主体的开发经营制度体系。

第一，要明确支持工商资本下乡参与乡村旅游开发的政策演进方向，但同时必须对城市资本的进入予以严格的技术审查，包括公司实力、投资计划、风险管控方案等，避免出现“搭便车”的机会主义现象。

第二，实施保证金制度，开发标准合同文本，最大限度地明确和落实投资商的社会责任。

第三，实行严格的契约管理，在保护乡村社区利益的前提下，保证投资商的权利，给资本提供足够的赢利空间。

第四，大力支持所在乡村的村集体组织建设，使之获得代表村民参与决策、参与监管、参与分配的能力。

第五，激励当地政府部门主动承担乡村基础设施建设、公共服务供给、外部性管控和社会稳定管理等职能。

（4）城镇化带动型乡村旅游扶持政策建议

第一，分类激励。将城镇化带动型进一步分为旅游驱动的城镇化（旅游特色小镇）和城镇景区化两类。前者指依托已有的旅游景区和旅游流，在景区内以及周边的乡村地带催生旅游小城镇，其机制在于能够为旅游者提供性价比更高的服务，能够为旅游经营者创造集聚效应。后者指在既有城镇发展过程中，需要通过嵌入“旅游”职能来带动城镇社会经济的持续增长，因而对城镇进行景区化改造，其机制体现在结合生产效益之上。进一步说，旅游驱动的城镇化是建立在市场基础上的供给侧改革，旅游市场的规模与结构决定城镇化的规模与结构，只要不偏离市场方向，所有的政策激励都是合理的。城镇景区化则具有目标导向特征，属于产品先行的旅游市场促销，因此首先需要进行可行性分析，然后才能考虑政策扶持问题。

第二，分段扶持。对于旅游特色小镇，起步阶段需要特别的政策扶持，包括土地利用、基础设施和公共服务配套、政府营销等。进入成长阶段后，主要依靠市场来调节。对于其他产业支撑的特色小镇，必然要走依托特色产业发展旅游的道路，政策支持适合发力于小镇产业体系相对成熟、需要旅游锦上添花的阶段。

第三，田园综合体可视为特色小镇的放大体，可参照上述特色小镇分类、分段的政策扶持形式。

第四，特色小镇，尤其是田园综合体，从经济类型上看，都属于混合型经济，因此，政策支持的最终目的是建构公私伙伴关系（PPP）制度。

第五，城镇化带动，意味着乡村社区的属性瓦解。因此，在特色小镇、田园综合体建设中，如何妥善安排当地居民的转业转岗，帮助他们实现从农民身份向市民身份的过渡，是最关键的社区管理任务。

（5）都市区再造型乡村旅游扶持政策建议

第一，都市区再造型乡村是一个具有前瞻性的分类结果，能把其列为乡村旅游政策支持的典型类型之一，就意味着乡村旅游政策的类型化演进取得了重大突破。

第二，在此类乡村，居民生计多样化，传统乡村组织式微，聚落形态更改，社区管理的重点是逐步建构城市社区模式，压缩过渡期的时长，从而保障居民全面享有市民的权益。

第三，农地被视为城市绿带予以保留，农业生产转向都市农业形态，重在发挥休闲体验功能。农业经营具有公司化、农场化、科技化、复合化特征。

第四，在维护低密度开发的前提下，文化创意产业、教育产业、科技研发产业等轻型产业会大量涌入，从而改造人口结构，丰富田园城市景观。

第五，相关政策设计要着眼于未来发展，结合国家都市区发展战略和相应的制度创新，以激发城市政府的规划能力和治理能力为要旨。

三、学术价值、应用价值及社会影响效益

本成果把乡村旅游视为一种实践智慧，依靠对中国现实的长期观察，探索本土化

情境中乡村旅游发展的变量关系，对推动具有中国特色的社会主义乡村及乡村旅游发展理论体系建设有一定的推动作用。

本成果摒弃了城乡二元对立的观念，把城乡空间视为连续体，并且以建构城乡一体化发展模式为指引，具有前瞻性，体现了“以人民为中心”的目标导向原则。

本成果聚焦于我国乡村旅游的类型差异和发展机制，应用多维度组合分类方法，提出 ASG 分析模式，开展结构—功能研究，为乡村旅游理论发育提供了新的尝试和扩展视角。

本成果并不停留于“理论的空转”，而是面向真切、实存、生动的现实问题，力图把理论认识进一步转化为政策性研究成果，从而体现咨政建言的价值，预计能够产生良好的社会影响和效益。

乡村文化和旅游人才培养研究

负 责 人：王　勇
依托单位：国家艺术基金管理中心
起止日期：2020 年 5 月—2020 年 11 月

一、研究的目的和意义

乡村兴则国家兴。实施乡村振兴战略是党的十九大做出的一项重大决策部署。习近平总书记指出："要推动乡村人才振兴，把人力资本开发放在首要位置，强化乡村振兴人才支撑。"乡村文化和旅游人才作为乡村人才队伍建设的重要组成部分，在加快推进农业农村现代化、文化和旅游融合发展、贫困地区脱贫攻坚等方面发挥着重要作用。

随着文化和旅游融合的深入发展，对乡村文化和旅游人才培养的供给、内容及模式提出了新的要求，带来了新的挑战。适时开展乡村文化和旅游人才培养的研究，对政府引导国内艺术单位、机构或高校规范开展乡村文化和旅游人才培养项目具有一定的指导意义。

二、主要内容、重要观点、对策建议

乡村文化和旅游人才一般是指较为熟悉本地的特色优势和发展劣势，在当地拥有一定群众基础和威望的群体。有些具备相对雄厚的经济实力和社会资源，有些具有手工制作、舞台表演、艺术创作等专业技能，还有些具有丰富的经营管理经验和带动群众发展的能力，他们在乡村振兴、脱贫攻坚和实现乡风文明中发挥着引领示范带动作用。按照其不同的从业类别，大致可划分为乡村保护设计与维护管理复合型人才、乡村文化和旅游文化传承和创意设计人才、乡村文化和旅游公共服务人才、乡村文化和

旅游经营管理类人才。

（一）乡村文化和旅游人才队伍现状及存在问题

现阶段的乡村文化和旅游人才在乡村发展快速上升的需求中还存在许多短板。

一是乡村文化和旅游从业人员总量偏少、专业水平较低。乡村文化和旅游事业需要大量领军型、复合型、专业型的高端人才，引导带领基层群众深挖乡村文化和旅游资源，实现乡村文化和旅游的创新发展和转型升级。从总体上看，乡村文化和旅游发展面临的从业人员数量不足、专业程度不高、结构性失衡等问题依然十分严重。

二是乡村文化和旅游人才的政策保障机制有待完善。乡村距离城市较远，基础教育发展滞后，基础设施建设落后，人才成长环境、发展机遇、医疗卫生水平等与城市相较甚远，文娱活动和公共服务也较为欠缺。加之工资待遇、晋升机制和乡村人情结构化特点，都会影响人才尤其是年轻人的就业选择，使其不愿来乡村发展。

三是乡村文化和旅游人才培训覆盖面普惠性不足。受管理体制、经费、各地执行政策力度不同等因素影响，只能有部分文化和旅游人才能参与到政府主导的人才培训项目或活动中，而大量农村基层从业者仍然没有机会，培训项目在示范性和导向性上的作用较为明显，但在覆盖面、普惠性上明显不足。

（二）乡村文化和旅游人才培养情况分析

一直以来，党中央及文化和旅游部高度重视乡村人才培养工作，通过实施人才项目、开展教育培训、加强行业指导等方式，不断加强乡村文化和旅游人才队伍建设。

1. 人才队伍建设情况

一是实施“三区”人才支持计划文化工作者专项和人才培养项目工程。通过实施扶持计划，引导大量文化工作者关注基层并向一线流动，不仅为乡村带来了文化技术、人力资本、智力资源、管理经验，还为促进边疆稳定、民族团结提供了精神支持，为实施乡村振兴战略提供了人才支撑。

二是开展乡村文化和旅游能人支持项目。为充分发挥乡村文化和旅游能人在乡村振兴和脱贫攻坚中的引领示范和骨干带动作用，文化和旅游部组织实施乡村文化和旅游能人支持项目，通过搭建交流平台、加强宣传推介和联系服务、强化实践锻炼、开展项目扶持等方式，培育乡村文化和旅游能人。

三是开展专题培训，提升专业技能。全国导游资格证培训、全国基层文化和旅游公共服务队伍培训、中国非物质文化遗产传承人研修研习培训计划、全国乡村旅游扶贫重点村村干部培训等培训项目的开展，不仅提升了乡村人才的专业技能，还搭建了交流经验、学习提高、资源共享的全国性平台。

四是建设示范培训基地和计划。“阳光工程”“春雨工程”志愿服务项目、“创意下乡”行动计划、“中国乡村旅游创客示范基地”“国家乡村旅游人才培训基地”“非遗扶贫就业工坊”等人才项目不断落地实施，并在区域人才建设中持续发挥着重要作用。

2. 人才培养存在的问题

一是以理论培养为基调，实操演练稍显不足。整体看，文化和旅游人才培养已经具有相对完善的培养体系，在课程规划设置中形成了丰富的理论课程体系。但是由于培训对象的工作能力、知识水平不尽相同，培训中多以易于接受的、少受场地限制的理论培训为主要授课内容，对实操演练课程的设置相对不足。

二是以技能传承为主，创新能力培养略显不足。民间艺术作为中华文化的重要组成部分，在乡村民风塑造中具有重要作用。这些项目以“敬畏传统”的心态，以优秀手工技艺为抓手，邀请非遗传承人为学员进行实训，坚持“扎根传统、然后创新”的宗旨，在传承优秀传统手工艺文化的同时，创作出符合当下审美情趣的工艺作品。但透过整体培训成果，学员创新能力还有待提升。

三是“高校 +”培养模式不断深化，产学研融合能力不足。文化和旅游融合发展，人才培养不断采取“高校 +”的模式，把高等院校、国有院团和企业的实践优势借鉴过来，争取他们的各方面支持，项目实践与理论并重，学员质量不断提高。但也存在不同地区、不同属性的民营资本企业参与度偏低，产学研融合的一体化发展能力较为欠缺。

四是培训成果丰硕，但宣传推介能力有待提升。加强对人才的宣传和推介，建设互联网传播渠道，在宣传中增强被培训人员的自豪感，进而转化成他们干事创业的强大动力。但在调研中我们也发现，受宣传干部队伍不足、工作形式单一、群众参与度不够等因素影响，乡村文化和旅游人才宣传、推介的能力仍有待提升。

（三）乡村文化和旅游人才培养提升对策建议

乡村文化和旅游人才培养提升对策建议在对大量优秀案例进行分类分析研究的基础上，以“类型 + 案例”的方式剖析，着力于依托项目培育具有专业技能的乡村文化和旅游人才，并对乡村文化和旅游人才培养提升包含的培训内容和组织保障两方面内容进行阐述。

1. 类型案例分析

一是乡村保护设计与维护管理复合型人才。这类人才根据乡村旅游建设的特殊性，以保护与发展、更新与日常管理维护为目标，从宏观层面上解析文旅融合背景下乡村联动建设与空间利益关系；从中观层面上探寻如何能够有效地保护和延续传统村落历史文化、保持乡村集体记忆、延续地域文化特色；从微观层面上探究乡村建筑整体风貌保护、旧建筑改造再利用、新建建筑新模式等。

二是乡村文化和旅游文化传承和创意设计人才。这类人才主要包括传承传播乡村民族民间优秀传统文化的各级非物质文化遗产代表性传承人，以及从事乡村旅游产品创意研发的艺术家和创客等。

三是乡村文化和旅游公共服务人才。此类人才主要包括以乡镇综合文化活动站、村文化服务中心、农村文化礼堂等为载体的乡镇公共文化平台工作者；热心服务乡村的文化志愿者、爱心人士等；组织乡镇娱乐演出、服务乡村开业庆典、婚丧嫁娶等活动的乡村文艺队伍骨干。

四是乡村文化和旅游经营管理类人才。这类人才为熟悉乡村地域文化资源的构成及特点，了解国内外乡村文旅产业融合发展趋势，掌握乡村文旅项目的创意策划方法及文旅产业管理、运营规律，能够在乡村文化旅游机构从事项目策划与运营、文旅产品营销、品牌管理等工作的复合型高级专门人才。

2. 培训内容

培训内容主要指对乡村文化和旅游人才开展高质量的教学活动，包括优秀的师资团队、充足的培训课时、完善的教学计划、合理的课程结构、因地制宜的培训内容等。

一是加强旅游元素介入培训，提升“以旅彰文”创新动力。文化旅游产业对于弘扬特定区域的历史文化、传承特定地域的民族文化精神、提升区域历史文化影响力、促进地方社会经济与文化的繁荣，有着极其巨大的引领价值和示范作用。

二是利用专家资源，充分论证项目选题和课程体系。人才培训项目在课程规划中邀请了行业领军人才把关，更有参与国家政策规划的行政人员参与其中作为授课教师，不仅在优秀师资的基础上加强了旅游产业政策把握和引导，还在更高层次上切合当前和未来较长一段时间的发展方向，为文化和旅游人才培养提供可借鉴经验。

三是筑平台、用平台，不断提升项目传播影响力。充分运用官方网站、微信公众号、抖音账号等新媒体手段发布项目信息和实时动态，通过演出、展览、出版等方式对项目（学员）成果进行宣传。也要充分利用项目品牌和其他平台的影响力“借势”宣传，切实将项目宣传做实、做细，落到实处。

四是培育复合型人才，凝聚优势资源促进文旅发展。乡村文化和旅游人才如一颗颗珍珠散布于中国乡土大地，经营管理复合型人才穿针引线将其凝聚，朝着乡村振兴这一目标共同发力。

3. 组织保障

一是进一步加大对乡村文化和旅游人才的政策扶持力度。重视乡村文化和旅游人才的重要性与特殊性，文化和旅游行政部门应会同与乡村振兴发展相关的部门，共同制定出台涉及乡村人才发展的配套支持政策。

二是进一步增强乡村文化和旅游人才的引进力度，提高乡村对人才的吸引力。在切实保证基层文化财政基础、稳步提高从业人员工资待遇、福利保障的前提下，可建立制度化的乡村文化人才引进机制，建立并完善激励机制。

三是加快发展现代旅游职业教育，加强对旅游职业教育改革发展的统筹指导和综合保障。鼓励院校与企业共建旅游创新创业学院或企业内部办学，地方院校可以结合本土资源优势，结合文缘、地缘开展品牌建设。加快建立适应旅游产业发展需求、产教深度融合、中高职有机衔接、布局结构更加合理的现代旅游职业教育体系。

乡村文化旅游人才培养是长期工作，人才队伍建设更是长远大计。在国家方针政策支持下，以项目为依托，以出人才为目标，全面深化改革，因地制宜，围绕满足人民对美好生活的向往开展人才培养工作，努力建设结构合理、分类科学、层级明晰、功能完备的乡村文化和旅游人才队伍，用艺术结合本地的乡村文化资源，创造性发展乡村文化旅游、开发乡村文创产品等，打造独具特色的艺术乡村品牌，促进当地社会经济发展，激活千百年绵延至今的优秀文化传统，呈现中国农民广阔而生机勃发的乡村生活新图景，最终实现乡村振兴。

三、学术价值、应用价值及社会影响和效益

在当下大力促进乡村文化和旅游发展的背景下，课题组从国家乡村文化和旅游人才培养实际情况出发，剖析在文旅融合的趋势下，如何融旅游业和文化内涵于一体、培养乡村文化和旅游人才、创新多元化产品、助推乡村产业振兴。

基于全面建成小康社会决胜之年的背景，反思乡村振兴中制约人才发展的瓶颈问题，在文化政策层面提出新时代乡村文化和旅游人才培养，并纳入国家文化发展改革视野，让培养对象更加坚定文化自信，更好地理解传统与当下的关系，实现乡村文化和旅游融合发展。课题组借助国家艺术基金数据平台和专家智库，把现实发展中的问

题与现有机制做有效统一，确立文旅融合背景下乡村文化和旅游人才的知识建构。此外，乡村文化和旅游类人才培养项目多样化，区域特征、民族特色较强，课题研究的延展性能够与其他选题相结合，并具有跨学科研究价值。

课题具有较强的前瞻性，后续可为文化和旅游部门的规划决策提供一定的经验基础，将直接作用于国家文化和旅游人才发展战略规划，为乡村文化和旅游发展人才的培养提供可借鉴模式，亦可将培养学员的艺术价值转化为实际应用价值，实现艺术价值的流动。

课题组撰写的“乡村文化和旅游人才培养调研报告”在文化和旅游部直属机关党委举办的“根在基层”2020 年文化和旅游部青年干部调研实践活动中获三等奖。

中国特色自由贸易港文化和旅游政策研究

负 责 人：肖建勇
依托单位：河南大学
起止日期：2020 年 5 月—2020 年 11 月

一、研究的目的和意义

当前，我国经济社会正在经历深刻的转型与变革，国际国内形势更加复杂严峻，新冠疫情给世界带来了更多的不确定性。新时期，如何更加全面地推动文化旅游领域改革，如何更高水平地实现文化旅游领域的对外开放，是一个迫切需要解决的课题。2013 年 9 月至 2020 年 9 月，中国已经分批次批准了 21 个自贸试验区，加上海南自由贸易港，已经初步形成了“21+1”的基本格局，形成了东西南北中协调、陆海统筹的开放态势，推动形成了我国新一轮全面开放格局。自由贸易试验区已经成为新时代全面深化改革和扩大开放的“试验田”和“排头兵”。尤其是，海南自由贸易港的设立，对新时期文化旅游领域的改革发展带来重大战略机遇。如何充分利用自贸区和自贸港的制度创新成果，结合国内、国际经验，拿出真正有效的文化旅游贸易政策，更好服务于文化旅游领域的改革开放，助推文化旅游高质量发展，具有重要意义。

二、主要内容、重要观点、对策建议

主要内容：本课题从自贸试验区和自贸港设立的宏观背景和战略任务出发，系统分析了我国文化和旅游贸易发展现状和问题，明确指出了我国未来文化和旅游贸易发展所面临的机遇和挑战。最后，课题结合我国自贸试验区和自贸港制度创新的最新成果，遵循文化和旅游贸易的发展规律，重点围绕文化贸易如何“走出去”、旅游贸易如

何“请进来”两个重点领域，提出了十一个工作建议。

重要观点：（1）成立自由贸易试验区和自贸港是我国平衡改革红利和把握改革风险的一项重要制度创新。对外而言，要应对全球经济贸易新规则而提前谋划设计；对内而言，加快经济转型升级的步伐。（2）自贸区定位的核心是“试验”，试验的意义就在于成功后全面推广。（3）自由贸易港是我国对外开放的最高形式。（4）文化贸易具有保护性、垄断性、不平衡性、高附加值性，还具有“文化折扣”现象和“产业内贸易”特征。（5）对比历年负面清单，我国文化领域的准入开放远远落后于旅游领域。

对策建议：结合我国自贸区和自贸港制度创新的最新成果，遵循文化和旅游贸易的发展规律，我们认为，文化贸易主要在于打通“走出去”的通道，而旅游贸易则重点在于“请进来”的瓶颈破解。从当前自贸区（港）现有文化和旅游政策来看，其工作视野仍囿于部门思维，难以实现有效突破。譬如文化和旅游部在《关于实施自由贸易试验区文化市场管理政策》的通知中，其支持政策基本上局限于负面清单上内容，即允许外国投资者在自贸试验区内设立互联网上网服务营业场所、设立演出经纪机构、娱乐场所、旅行社等。另外就是支持建设国家对外文化贸易基地、国家旅游度假区、A级旅游景区、全域旅游示范区等工作抓手，不能有效系统解决文化和旅游贸易的关键问题。经过充分的调查研究，我们特提出如下工作建议：（1）支持大型文化和旅游企业兼并重组。在新的时代背景下，应该出台政策支持大型文化和旅游企业走出去，参与并购重组，打造文化和旅游企业航母。（2）实施积极的财税政策。建议把“五免五减半”、15% 所得税政策延伸到其他自贸试验区，积极推动地方为文化和旅游企业制定落户、出口、人才引进等方面的补贴和配套政策，实现集聚化发展。（3）不断扩大免税制度。除海南外，建议在更多自贸试验区实行免税制度，推动更多免税店落地，实现每个自贸试验区都有一个免税店，免税店优先在机场、港口、主要旅游景区和特色商业街设立。（4）促进文物、艺术品交易。在艺术品进行国际贸易时，对艺术品价格需要使用分类定价原则来进行评估和鉴定，对不同时期的艺术品采取不同的税率标准。另外，要放宽外资拍卖公司的设立和放开艺术品的出境限制。（5）持续加强知识产权保护力度。要加强网络版权的法律保护，打击盗版，加快在各自贸试验区和自贸港推广复制知识产权快速维权经验，研究开展文化知识产权价值评估，及时提供海外知识产权法律咨询，支持自贸试验区和自贸港文化和旅游企业开展涉外知识产权维权工作。建议尽快加入和积极参与《与贸易有关的知识产权协定》《世界版权公约》《商标国际注册马德里协定》《保护文学艺术作品伯尔尼公约》《保护和促进文化表现形式多样性公约》《保护工业产权巴黎公约》《反假冒协定》等国际知识产权保护组织，共同推动文化贸易健康发展。（6）全面便利人员跨境来往。建议在全国自贸试验区和海南自贸港全面放宽外国人申请永久居留的条件，降低外国人办理长期居留许可的门槛，为外国人办理长期签证提供便利等；给予市场认定外籍人才更多话语权，进一步加强信用评价和事中事后监管；不断拓宽证照互认和执业资格互认范围，妥善解决外国留学生毕业后的实习、创业、工作签证等问题，不断放宽就业许可，吸引更多外国留学生在华创新创业。在自贸港实行航空自由化，对于出发、到达、经由的国内外航空公司的航空审批权由自贸港自行决定，并把空港过境免签政策扩大至海港。（7）推出文化内容负面清单。自贸试验区和自贸港要针对文化服务对外开放的特殊性，创新性地提出“文化内容负面清单”模式。一方面强调在文化内容方面，必须坚守底线，即中华人民共和国境内任何文化服务的内容，都必须遵守中国的宪法和法律；另一方面，逐步探索以顶层设计的方式，设计扩大文化服务开放的线路图，推动文化领域的双向流通。（8）加强立法和政策支持。要加快《文化产业促进法》落地，更好推动《旅游法》《公共文化服务保障法》《公共图书馆法》《文化产业促进法》《电影产业促进法》得到有效实施，争取更多立法支持，给文化和旅游产业提供坚强制度保障。（9）深化“放管服”改革。“放管服”改革主要体现在商事制度改革上，河南自贸试验区的“二十二证合一”、浙江自贸试验区的“不见面审批”和“一次不用跑”，以及现在广泛推行“证照分离”和“双随机、一公开”都是“放管服”改革的典范，应该加快在各自贸试验区的推广和复制。此外，要大力推动自贸试验区和自贸港内的专业服务机构建设，培育更多专业化中介组织。（10）积极打造和拓展平台功能。推动现有文化和旅游服务出口交易平台建设，优先支持在自贸试验区和自贸港建设服务业扩大开放试点、对外文化贸易基地、国家文化出口基地，做强进博会、服贸会等国际性平台，不断夯实深圳文博会、苏州创博会、义乌文交会、杭州国际动漫节以及各类电影节，支持文化和旅游企业走出去，参加境内外重要国际性展会。（11）开展更加广泛的区域合作。要充分利用“一带一路”倡议、黄河流域生态保护和高质量发展、京津冀协同发展、长三角一体化发展、粤港澳大湾区发展等重大国家战略，积极互联互通，实现文化和旅游领域的国内国际双循环格局。要充分利用中国与部分国家文化社会相近的“地缘文化”优势，特别是针对中华文化圈内国家和地区的出口贸易，继续巩固原有文化和旅游服务出口市场份额，全面落实RCEP协定，不断夯实各类双边和多边关系，促进区域合作可持续高质量发展。

三、学术价值、应用价值及社会影响和效益

学术价值和应用价值：在学术上，初步厘清了文化贸易和旅游贸易的特征和关键点，抓住了制约我国文化和旅游贸易的核心内容；在应用价值上，可以直接应用到我国各自贸试验区和自贸港文化旅游制度创新和产业发展上。

社会影响和效益：目前，依托可以完成的若干政策文件已经正式向社会发布，有效促进了自贸试验区文化和旅游产业发展，以及对外贸易。课题研究指导下的河南自贸区国际艺术品保税仓项目已经得到社会广泛认可，并成为开封文化和旅游对外开放的一张名片。

中国与东盟国家文旅融合发展比较研究

负 责 人：程道品
依托单位：桂林旅游学院
起止日期：2020 年 5 月—2020 年 11 月

一、研究的目的和意义

文旅融合是世界各国旅游发展的共同课题和业界热点，中国与大多数东盟国家同属亚洲文化圈，但社会管理体制及文旅产业发展各异。通过对中国与东盟国家文旅融合中的融合主体、实施路径、管理体制、激励机制、人才培养等的比较，整体与个案相结合，相互借鉴，取长补短，推动中国文旅融合高质量发展和中国—东盟文旅融合国际合作，丰富文旅融合的理论研究和实践路径。比较是常见而有效的研究方法，有助于探明研究对象的本质特征和发展规律。本课题综合运用多学科的理论及方法，理论与实证相结合针对中国与东盟国家文旅融合发展进行多层次的比较研究，力求获得一些新的材料和论点。平行研究与影响研究相结合，揭示中国与东盟国家文旅融合发展的异同、特色及经验，进一步完善中国文旅融合发展的体制和机制，为中国—东盟旅游合作与中国—东盟命运共同体建设注入新的动力。

二、主要内容、重要观点、对策建议

中国—东盟彼此已成为最重要的旅游合作伙伴，东盟 10 国文化类型丰富、绚丽多彩，其中新、马、泰等国是中国游客最早也是目前最热门的出境旅游目的地。2020 年上半年，东盟一跃成为我国最大的贸易伙伴，面对全球新冠疫情、摩擦不断的中美关系等外部冲击，东盟在我国国内国际双循环相互促进的新发展格局中的地位越发重要。

尽管发展水平、文化形态、社会制度相异，但东盟各国均重视旅游业的发展，注意将国家意识、历史人文、创新创意等文化元素融入旅游，一些先进做法为我国文旅融合高质量发展提供了有益借鉴。

（一）东盟国家文旅融合的经验做法

1. 国家意识与旅游的融合

尽管社会制度不同，民族成分复杂，一些东盟国家也通过将爱国主义、民族独立斗争遗迹、历史文化传统融入旅游发展，强化国家认同、民族意识、民族记忆，凝聚国民力量。越南等社会主义国家发展与我国类似的基于革命历史遗迹的“红色旅游”。菲律宾、马来西亚等国相关旅游规划设计在宏大叙事的同时，关注普通人的事迹，于细微之处打动人心，注意运用新技术和创意提升游客体验性，一些旅游产品具有较强的表现力和感染力。

2. 创意文化与旅游的融合

新加坡、泰国、马来西亚三国的旅游文创产业较发达，早在 1998 年新加坡就将创意产业定位为本国 21 世纪的战略产业，出台了《创意新加坡》计划，并计划将本国打造成“亚洲创意中心”。据彭博社发布的 2019 年全球创新指数排名，新加坡位列第六。泰国、马来西亚也有国家层面推动的创意发展的制度设计，如“一乡一产品”“曼谷时尚之都”“创意泰国”等专项计划，推动文创、科技与旅游融合，取得了良好效果。

3. 美食文化与旅游的融合

泰国、马来西亚、新加坡、越南等国美食已成为当地旅游业的名片，通过国家顶层设计，制定国家发展战略和营销计划，打造美食目的地 IP 吸引国际游客。例如，新加坡定位为“亚洲美食之都”，以其丰富多样的食品和饮食文化为主要卖点；21 世纪以来泰国致力于将美食旅游作为国际旅游业发展重点，并在 2019 年提出打造“东盟美食之都”，在其国家旅游网站上关于美食介绍部分的内容通过中、日、英、西等 9 种语言呈现。

4. 康养文化与旅游的融合

泰国、新加坡、马来西亚、菲律宾等东盟国家在全球康养旅游市场中占据重要地位，康养、医疗等旅游产品质高价廉，与欧美发达国家相比，同等质量的医疗费用价格一般要低 30%~40%，高层次医护人员多在西方国家受训，英语水平、国际化程度较高，服务意识强。泰、马、菲等国均提供康养类旅游签证和退休签证，积极吸引国际退休人士到本国长期疗养。注意对外宣传推介，如泰国、马来西亚一些国际医院设立了中国代表处、中文网站和社交媒体营销公共账号，提供咨询、签证、机票预订、落地接待、旅游配套等一条龙服务。

5. 城市文化与旅游的融合

东盟国家新加坡、吉隆坡、曼谷等主要城市国际化程度较高，多元文化交融，注意发展文化创意产业，城市建设与服务较为人性化，一些城市形成了鲜明的目的地文化品牌。例如，新加坡打造活力城市，推出了“心想狮城（Passion Made Possible）”的城市文旅品牌；马来西亚吉隆坡注重城市多元文化融合，推出了“相映及多元城市（A City of Contrasts and Diversity）”的城市文旅品牌。

6. 民俗宗教与旅游的融合

东盟各国大多数居民均信奉宗教，宗教信仰、民俗文化、建筑美学等深度融入本地旅游业发展，新旧元素融合，业态包括宗教古迹巡游、宗教艺术探幽、宗教主题公园、非遗文创产品、民俗演艺观赏，促进旅游业发展的同时，宣传了本国文化。

（二）对我国文旅融合发展的对策建议

1. 文旅融合促进国家认同

（1）文旅融合不仅要体现经济价值，还要实现国家文化认同价值

从游客本体出发进一步审视旅游的功能，在实现经济价值的同时，借助文旅融合推动个体文化身份与族群文化共同体的同构，引领国民精神，唤醒共同记忆、强化共同价值，构筑可持续性的国家和民族认同。

（2）红色旅游不仅要聚焦国内市场，还应积极开拓入境市场

除聚焦与中国革命有历史渊源的国家外，红色旅游目标市场还可逐渐向其他国家拓展，开展有针对性的市场营销和产品设计。在丰富入境产品供给的同时，展现中华不同历史时期的精神风貌，提升国际社会对中国人民选择社会主义道路的理解和认同。具体到景点设计、展品摆放、讲解说明、运营管理、业态打造、推广营销等方面进一步国际化，加大面向港澳台入境游客的设计与推介，提升港澳台同胞特别是青少年的国家意识。

（3）与新技术深度结合，增强红色旅游产品表现力、感染力与体验感

现有研究表明，良好的旅游体验有助于提升红色旅游游客对党和国家的认同感。当前一些红色旅游开发仍存在庄严肃穆有余，人文气息不足，美学价值低，观赏性、体验性、现场感差，缺乏历史与现实的温度。红色旅游景点开发要注意与人工智能、虚拟现实等新技术、好创意相结合，在革命历史场景重现、展品布置等方面吸引青年

人的兴趣，提升游客的体验性、参与性和趣味性，而不仅停留在传统的展示与说教。

2. 推动旅游与文创结合

（1）提高文创产品的原创性、现代性与实用性

加强数字文创在会展、电子商务、医疗卫生、教育服务、旅游休闲等领域的应用，深入提炼地域文化特色，鼓励设计便于携带传播，原创性、现代性与实用性兼具的文创产品。以精品意识提升旅游文创产品的现代品质、定位及档次，以符号化的品牌打造文化辨识度、关注度及附加值，为旅游目的地带来形象、消费双提升。

（2）加强科技、文化、旅游多领域跨界融合

推动影视、动漫、游戏、音像、传媒、设计、传统工艺、服饰时尚、数字艺术等多领域与旅游跨界深度结合。旅游文创产品设计应注重依靠设计师的智慧、技能和天赋，运用现代设计改进传统工艺，现代理念重构传统价值，丰富主题形式，提高与时尚、休闲、艺术、娱乐及日常生活等领域的融合度，跨界开发周边产品和衍生形态，打破边界，丰富旅游产品主题与表现形式。

（3）加大文创知识产权保护力度

重点做好互联网、电子商务、大数据等新业态、新领域的知识产权保护，提高文旅及创意企业知识产业保护意识，加强旅游文创产品专门立法，提高知识产权非法侵权成本，降低维权成本，推出一站式文旅知识产权注册平台，让企业和创意工作者能在同一个网络平台办理注册。

3. 面向全球市场打造中华美食之旅

（1）加大美食旅游开发力度，制定国家美食旅游发展规划

依据旅游消费链分类分层梳理我国美食文化体系，在各地的美食文化系统融入旅游要素，在全国范围内形成种类丰富、各具特色、生产能力强的美食文化旅游版图和发展规划指导意见。促进相关企业转型，提升消费品质，满足旅游者多样化、品质化、差异性的饮食消费需求，提升美食在夜间经济和消费提振中的作用地位，让游客在旅游过程中览美景、品美食、感文化。

（2）加强美食旅游目的地 IP 建设，实现美食与旅游互动营销

美食是旅游目的地文化的重要载体，通过美食旅游目的地 IP 建设，促进美食与旅游深度融合，以美食文化的差异性凸显目的地特质，以差异化的地方文化开发美食文化旅游衍生品，深挖美食背后的精神体验元素，实现美食旅游的聚集式发展。

（3）推动中餐国际化，提升中华文化软实力的全球影响力

对中华美食文化进行旅游概念化顶层设计，从国家层面明确中华美食旅游形象和

品牌，推动中餐国际化，举办一带一路沿线中餐系列推介活动、中餐大赛，为相关国家开展中餐人才培训，推广中华美食旅游线路和产品，提升我国入境旅游吸引力，采取多语种、线上线下融合推介中华美食旅游。

4. 擦亮城市旅游的文化品牌

（1）打造人性化的城市基础设施

进一步完善城市重大基础设施和公共服务设施，重点建设枢纽城市的机场、铁路枢纽等重大基础设施，提高城市的可进入性和弹性，以及针对气候变化、公共卫生事件的应变能力。在此基础上注意市政建设的细节，加大投入建设城市市民公园，打造街景，以美好的城市环境感化人，提升市民及游客共享的人居环境。

（2）推动文化商旅融合发展

推动文商旅融合，运用旅游业的整合力引领城市多产业融合、跨界发展，注意历史文化街区微改造与活化力度，保持传统文化街区的原真性，凸显传统街区活化精品，在全国树立一批文商旅融合发展的典范城市和街区。

（3）发掘城市独有个性

目前我国城镇化率已突破60%，发掘城市独有个性，构建城市文化品牌是城市多元化、个性化发展，消除“千城一面”顽疾的重要手段，鼓励城市提出有创意、符合地域特色和时代特征的宣传口号以及城市品牌，大力发展城市旅游，以城市旅游提振国内消费。

5. 大力发展康养旅游

（1）突出地域特色，实施差异化产品与价格定位

结合全国旅游资源和民族医药文化分类，将康养旅游服务地域产品线拉长，从现代医学、民族传统医学到中国传统理疗、现代康复理疗、食疗、心理健康恢复，扩大游客个性化选择空间。提供丰富的个性化产品，配套恰当的价格组合策略，提供高品质差异化康养服务。

（2）提升康养体验，配套高品质的旅游服务

以成熟的旅游目的地为牵引，弱化文化藩篱形成的服务障碍，培养一批高素质国际化康养旅游人才，为康养旅游者提供出行、保险、检查、医治、疗养、旅游定制一条龙服务，根据游客语言、风俗习惯、宗教信仰等差异提供个性化、人性化和国际化旅游配套服务。

（3）加强政府主导，完善配套康养产业政策

针对康养旅游的多样性出台系列扶持政策，包括投融资和税收政策支持、旅游基

础设施、行业规则和标准、教育培训与智力服务、行业管理等方面；为国际康养游客设立单独的签证类别，降低签证门槛，出台相关国际保险政策和措施。

我国是拥有五千年辉煌历史的文明古国，改革开放以来，文化、旅游、创意等产业蓬勃发展，特别是 2018 年文化和旅游部成立以来，文旅融合成为学界、业界热议的焦点，并进一步成为我国旅游业提质升级，产业高质量发展的重要抓手。鉴于此，深入研究东盟这一重要区域国家文旅融合发展现状，学习其先进经验，扩大双边相关领域的交流合作，有助于丰富我国文旅融合发展理论构建和路径选择，促进中国—东盟经贸、旅游、文化全面合作发展，这对后疫情时代我国文旅产业国际合作与发展具有重要意义。

三、学术价值、应用价值及社会影响和效益

（一）学术价值

通过中国与东盟国家进行系统全面的文旅融合机制、路径与策略研究，有助于丰富区域旅游合作、国际文化与旅游融合发展等领域的理论构建。

（二）应用价值

基于相互借鉴、取长补短理念，通过比较研究总结归纳东盟国家文旅融合发展的经验、特色及得失，为完善中国文旅融合体制机制，以及后疫情时代文旅融合的高质量发展提供科学依据，为我国相关管理部门制定文旅政策提供参考，同时，也有助于我国文旅行业借鉴东盟国家先进经验，促进双边和多边文旅产业领域的交流互动。

（三）社会影响和效益

中国—东盟互为旅游国际合作重要的伙伴，以及彼此居民之间重要的旅游目的地，特别是疫情导致全球贸易萎靡之际，中国与东盟双边贸易逆势上扬，东盟跃升成为我国最大贸易伙伴。得益于双边关系不断加深和互信持续增强，中国—东盟文游、经贸合作往来升温将是长期趋势，未来更大突破与发展可期。因此，以文旅融合为切入点，推动中国与东盟国家在特色目的地打造、文旅品牌构建、产品设计升级、入境市场拓展等领域的深度融合，将中国—东盟旅游合作推向新的层次，实现后疫情时代双方政治、经贸与文化交流全面复苏与进一步发展具有较大现实意义，并产生客观的经济与社会效益。

我国非物质文化遗产与旅游融合发展的引导机制及对策研究

负 责 人：梁学成
依托单位：西北大学
起止日期：2020 年 5 月—2020 年 11 月

一、研究的目的和意义

（一）研究目的

（1）分析非物质文化遗产与旅游融合发展的主体要素及相关影响因素。

（2）研究非遗与旅游融合发展的驱动机制、效应分析及引导机制。

（3）提出促进我国非遗与旅游融合发展的对策建议。

（二）研究意义

1. 理论意义

（1）梳理非遗与旅游融合发展的相关理论，进一步分析非遗与旅游融合发展的特征及内在逻辑体系。

（2）分析非遗与旅游融合发展的主体要素及影响因素，并提出非遗与旅游融合发展的驱动力模型。

（3）研究非遗与旅游融合发展的综合效应，设计融合发展的引导机制。

2. 实践意义

（1）有助于明确非遗与旅游融合发展的方向及定位，进一步提升非遗旅游发展的

综合效应与价值。

（2）通过对非遗与旅游融合发展的主体要素、影响因素及多层级驱动力分析，有助于调动和激发非遗旅游发展的活力。

（3）通过对非遗与旅游融合发展的引导机制分析，有助于制定有效地推动非遗旅游高质量发展的对策建议。

二、主要内容、重要观点、对策建议

（一）主要内容

第一部分：梳理和述评非遗与旅游融合发展的相关理论和研究成果。一是梳理和阐述非遗保护与开发、产业融合、可持续旅游等相关理论；二是综述评析非遗与旅游融合发展的业态类型、发展特征、模式效应等有关成果。

第二部分：分析我国非遗与旅游融合发展的现状与存在问题。一是梳理我国非遗资源利用、非遗旅游的市场需求及政府相关政策等方面内容；二是分析非遗与旅游融合发展的总体特征、模式效应和内在逻辑；三是分析我国非遗与旅游融合发展在融合水平、融合协调、融合动力方面存在的问题。

第三部分：分析非遗与旅游融合发展的主体要素及影响因素。一是研究非遗与旅游融合发展的主体要素，主要运用实证分析法，对包括企业、消费者、传承人、政府组织四个融合主体要素进行分析；二是研究非遗与旅游融合发展的内生机制；三是分析文化传承、消费需求、经济效益、技术进步、政府扶持、社会参与六个方面的影响因素，并依据其重要性进行关联分析。

第四部分：研究非遗与旅游融合发展的驱动机制。一是研究非遗与旅游融合发展的驱动力，包括推力、拉力、支撑力、中介力和表现力五种；二是以非遗与旅游融合发展的五种典型模式，包括节事活动、非遗进景区、非遗主题展示场馆、传统聚落、主题线路为例，选择典型案例研究不同融合发展模式的驱动机制。

第五部分：研究非遗与旅游融合发展的引导机制。一是结合典型案例地实证分析，从非遗与旅游融合发展的效应出发，研究方向定位，包括精神传承、消费拉动、社会进步等；二是结合非物质文化遗产与旅游融合发展的驱动机制，从项目引领、资金投入、文化认同、人才培训、相关政策、外部环境等方面进行引导机制设计。

第六部分：研究我国非遗与旅游融合发展的对策建议。一是结合引导机制，从顶层设计、统筹规划、技术支持、综合效益等方面进行非遗与旅游融合的支撑体系建设研究；二是从政府、市场、社会三大层面及传承人、科技两个方面提出相应的对策建议。

（二）重要观点

（1）非遗旅游是我国文化旅游的重要组成部分，非遗与旅游融合发展已形成一定的业态模式。然而，目前国内存在明显的市场动力不足、社会参与度不高、综合效应不强等问题，严重影响非遗传承及与旅游融合发展。

（2）非遗与旅游融合发展具有广阔的市场空间，非遗旅游发展可以带来多重效应，包括经济、社会和文化等。目前非遗资源保护及旅游利用还非常有限，主要是缺乏对推力、拉力、中介力、表现力、支撑力等多重驱动力分析，找准非遗与旅游融合发展的主体要素及影响因素则成为关键。

（3）非遗与旅游融合发展的目标是提升非遗旅游的规模与质量，明确非遗与旅游融合发展的驱动机制，立足政府、市场及社会宏观视角，分析非遗与旅游融合发展的引导机制，有助于进一步从政府、市场、社会三个层面及传承人、科技等方面提出相应的对策建议。

（三）对策建议

本课题从政府、市场、社会三个层面及传承人、科技等方面提出对策建议：

第一，从政府层面来看：（1）设立专门管理机构。目前多数地方存在部门业务管理权限障碍，缺乏跨部门、交叉业务管理能力，很难开展非遗与旅游融合发展的业务。政府应从组织机构设置上实现突破，设立专门管理部门，如综合处或文旅融合专班等，可以有效开展非遗与旅游融合发展的相关业务。（2）重视各项支持政策落地。目前我国在非遗传承与保护利用等方面已出台不少支持政策，对非遗与旅游融合发展都具有重要影响。而从实际来看，值得高度重视的是落实已有相关扶持政策。（3）加大对省市级非遗项目的支持力度。目前政府对国家级非遗项目保护支持明显，而在省市级非遗项目上支持明显不足。尤其是一些市级非遗传承人是依靠“情怀”在传承发展非遗项目。因此加强对省市级非遗项目的支持力度非常重要。（4）加大资金支持，拓展经费来源。通过整合非遗发展和旅游发展专项资金，落实非遗政府补贴、拨款及项目奖补等措施，最大限度发挥政府资金的引导和撬动作用；采取多种扶持办法和措施，拓宽非遗旅游发展的经费来源，可通过税收优惠、免租金等方式吸引更多的民间组织及个人投入到非遗旅游的开发中。（5）加强市场监管，提升融合能力。政府应通过加强

市场监管，不断完善非遗与旅游市场规则，纠正非遗旅游市场的无序与超控发展，切实发挥好市场“看不见的手”与政府“有形的手”的共同作用，驱动非遗与旅游融合能力提升。（6）支持非旅游发展新模式。目前国家对于非遗发展给予极大重视和支持，主要体现在对非遗文化保护、价值挖掘。应通过对传承人宣传培养，加强对手工技艺的传播传承、对非遗旅游产品的大力开发。鉴于非遗在活态化过程中呈现出流变特性，应大力支持生产性保护、活化中保护新模式。

第二，从市场层面来看：（1）提升非遗要素集聚力，打造非遗文旅综合体。围绕非遗文化产业园建设，应积极推进实施资源抢救、技艺培训、设施建设、非遗衍发等保护工程；围绕非遗展示、保护、传承和市场化拓展不断吸收各类文化资源，形成市场化、品牌化、产业化、国际化纵深发展的非遗文化产业链，不断提升非遗要素地区集聚力和影响力，建设地区非遗旅游融合发展的综合体。（2）创新非遗旅游项目，拓宽非遗项目增收渠道。从非遗旅游发展的内部驱动力来看，经济效益是重点，增加收入是重要驱动力量。通过开展非遗 + 演艺、非遗 + 节庆、非遗 + 文创、非遗 + 研学、非遗 + 民宿、非遗 + 特色小镇、非遗 + 景区、非遗 + 特色街区、非遗 + 养生等非遗与旅游融合的 N 种打开方式，丰富和创新非遗旅游项目建设，既拓展了非遗文化的宣传与展示平台，又为非遗旅游项目拓宽增收渠道。（3）增强非遗文化吸引力，扩大专门化游客市场规模。非遗专门化游客群体作为首要参与主体，可以完善非遗解说系统，建立非遗信息网站；开展民间非遗活动，凸显地区非遗的文化底蕴；举办非遗公益讲座，普及非遗文化知识等举措，逐渐扩大地区非遗旅游影响力。（4）重视游客非遗体验，拓宽旅游消费空间。广大游客是参与驱动非遗与旅游融合发展的首要主体，非遗产品要满足体验者学习和鉴赏需求，增加其自我认同感。重视非遗与消费主体的互动，提升社区、传承人共同参与度，传承人要走进大众消费者视野。在扩宽旅游消费空间过程中，应将传统文化和技艺的有效活化，用游客容易理解和愿意参与互动交流的方式进行沟通；让有创意的文化亮点不断叠加粘连，形成互动体验的局面。（5）激发企业参与活力。非遗和旅游融合的高质量发展需要充分发挥企业的引领作用。应强化文旅融合企业的市场主体地位，引导、鼓励、扶持各类企业参与，逐步建立起主体多元、结构优化的非遗与旅游融合市场主体，提升文旅企业竞争力；通过企业涉入，把非遗带入旅游产业链条，从而带动非遗与旅游融合，延伸深度和广度，通过引入非遗旅游项目，开发非遗旅游产品、形成非遗旅游线路，充分利用政府的优惠政策，以重点项目为带动，增强非遗旅游的市场活力。（6）打造非遗旅游产业链。非遗文化与旅游融合形成更多的经济、文化和社会效应。重视新业态、新产品，打造产业链。将非遗项

目通过进入产业园区进行孵化培育，后形成可以进入市场的项目；然后通过营销宣传、项目招投标等活动，形成非遗旅游产业链。有助于加快开发和建设，提高非遗旅游产品的质量和竞争力。（7）重视市场需求变化，不断扩大消费群体。随着旅游业的提质增效，以及人民对美好生活的追求，新的旅游需求不断涌现。只有打破非遗与旅游融合发展的壁垒，不断创新非遗旅游产品，激发消费动机，引导及扩容消费群体，才能不断扩大非遗旅游消费群体。

第三，从社会层面来看：（1）鼓励社区居民参与。吸纳社区居民参与非遗旅游融合实践，鼓励社区居民参与非遗文化讲解、宣传活动，增强当地居民的文化自豪感和认同感，提高当地居民对当地非遗文化情怀，有助于非遗保护和利用。（2）加强产学研联动。有效推动文旅企业、高校、研究机构等参与非遗与旅游融合发展，通过建立非遗旅游人才培养基地、联合培养、建立产学研协同创新平台、创新基地和创新项目，可以为非遗与旅游融合发展提供有效的人员及智库支持；同时，通过非遗“进校区、进景区、进社区”活动，招聘非遗旅游发展的志愿者，形成有效推动力量。（3）营造良好的非遗文化环境。非遗的传承需要在一定的地理区域或特定的社会文化的场域中孕育发生。可以通过互联网、抖音等融媒体手段，拓宽非遗文化宣传的覆盖面，扩大社会群体对非遗的认知，形成弘扬中华传统文化的浓郁氛围，让更多的群体认识到非遗与旅游发展的重要性。（4）有效发挥民间协会组织作用。非遗保护协会等非政府组织能够弥补政府在非遗管理中的职能缺失问题，可以通过组织培训更好地传承非遗文化，并通过开展协会交流活动，在扩大宣传同时激发更多的非遗传承人及社会组织参与非遗与旅游融合发展的项目之中。

第四，从传承人角度来看：（1）重视保护传承人群体。开展非遗旅游的前提在于保护传承人，传承群体越集中，越易于形成较高的知名度和影响力，扩大非遗旅游产业规模。（2）完善传承人保护及培育体系。可以在高等院校、职业技术学校、培训中心等引入非遗旅游开发的理论与实践课程，并以项目设计研究为载体，培育和凝集专业高端人才。（3）调动传承人参与非遗旅游积极性。调动传承人积极性，加入文旅融合发展大军，有效实现与市场对接；可以通过搭建产业园区孵化平台，通过培训、培育与市场对接，可以有效保护传承人技艺，使其拥有更多荣誉感和获得感。（4）引导和鼓励传承人扩大传承项目的影响力。在一定专项资金辅助的基础上，引导传承人通过多种渠道进行非遗项目的文化宣传，包括借助“三微一抖”现代新媒体进行传播，不断扩大影响。近年来已有一些非遗传承人通过新媒体传播取得良好效果。

第五，从科技角度来看：（1）重视数字技术在非遗保护中的应用。充分利用文本

和录音、摄影等现代技术手段对非遗进行多途径保存，利用数字多媒体技术手段，“活态”地对非遗内容进行记录储存，建立非遗内容及传承人的数字资源库和数字技术资料。不断开展广泛的宣传活动，让非遗走进民众的生活，增强民众对非遗保护的意识。（2）科技赋能增强非遗旅游发展活力。从国内一些非遗旅游发展好的案例来看，有效实施科技赋能，借助 VR、AR 技术进行非遗展示，一方面增强了文化传播效果，另一方面可以使游客获得更好的体验。

三、学术价值、应用价值及社会影响和效益

（一）学术价值和应用价值

1. 学术价值

目前国内外关于非物质文化遗产与旅游融合发展的影响因素及驱动力研究不足。本课题运用实证分析、扎根理论来研究非遗与旅游融合发展的主体要素、影响因素及驱动机制，形成一定的理论创新。

2. 应用价值

国内关于非遗与旅游融合发展的方向定位及引导机制研究不多。本课题将拓宽非遗与旅游融合发展的市场空间，明确以精神传承、消费拉动、社会进步为发展定位，从政府、市场和社会等宏观层面及传承人和科技视角，提出更加精准的对策建议，对加快我国非遗与旅游融合发展具有一定的参考价值。

（二）社会影响和效益

本课题研究非遗与旅游融合发展的引导机制及对策建议，课题组基于实践调研与分析，尤其通过与实际管理部门、非遗传承人及企业交流，深感我国非遗旅游发展的重要价值。不仅有利于全面认识非遗旅游开发所产生的发展效应，厘清非遗与旅游融合发展的内在逻辑，参与主体及相关影响因素、驱动力等内容，更加明确我国非遗旅游发展还存在一定障碍及困难。课题组在调研活动中产生了一定的社会影响，并间接对非遗旅游实践发展产生推动作用。

高质量发展背景下我国高星级饭店业服务创新战略发展与政策建议研究

负 责 人：李　彬
依托单位：北京第二外国语学院
起止日期：2020 年 5 月—2020 年 11 月

一、研究的目的和意义

党的十九届五中全会审议通过的《中共中央关于制定国民经济和社会发展第十四个五年规划和二〇三五年远景目标建议》提出了“加快构建以国内大循环为主体，国内国际双循环相互促进的新发展格局”，这一指导思想为新时代下我国高星级饭店转变发展方式、实现高质量发展指明了方向。

改革开放以来，高星级饭店业一直是我国旅游业乃至大服务业发展中的典型代表。然而当进入高质量发展新时代，高星级饭店业亟须转换发展方式、从高速增长转向高质量发展，行政主管部门的监管和治理机制也需要突破创新。结合此次新冠疫情的影响，可以抓住服务创新这一“牛鼻子”问题，分析高星级饭店服务创新战略发展的新思路与治理新模式。

第一，新时代新格局下，高星级饭店的地位和功能需要重新认识。高星级饭店不应只是作为我国文旅产业的配套设施，而且在国家和地方的重大政治活动、国内外大型会展节事活动等方面承担了服务接待功能，未来在向“一带一路”等国家输出“中国服务”标准和模式方面也具有重要意义；在吸纳本地与外地人员就业、承担慈善与环境保护等社会责任方面也具有重要作用。高星级饭店在健康生活方式、服务方式上具有引领作用，是促进社会文明进步的重要方面；高星级饭店还将地域、民族文化融

入产品与服务中，作为地标与窗口展示与传播文化，是重要的文化形象载体，也是向世界展示中国文化的重要载体。

第二，文旅行政主管部门对高星级饭店业监管和治理体系需要有新的创新理念和思路，实现现代治理能力的提升。围绕饭店星级评定标准的修订和实施，从治理理念、治理体制机制和治理政策与保障等方面提出对策建议。

二、主要内容、重要观点、对策建议

（一）主要内容

本项目主要内容如下：

（1）分析新时代新格局下我国高星级饭店面临的宏观环境和产业环境，包括经济发展模式的转型、消费者需求与行为的变化、新兴数字技术的加速应用、住宿产业竞争格局发生调整以及监管和治理亟待创新等。

（2）通过定量数据分析方法分析高星级饭店业经营状况与服务存在的问题。经营状况主要是，2004—2019 年我国五星级饭店主营业务收入总体趋于波动上涨态势，但上升趋势开始下降，平均房价为 644 元，顺经济周期先升后降；RevPAR 表现出波动中逐年下降态势。服务存在的问题主要是，服务理念、服务意识和服务态度有待提高；卫生问题是关注重点；服务创新不够，个性化服务缺乏；产业结构出现了局部地区供给过剩的结构性问题；经营效益不高；人力资源管理出现基层员工流失率较高、素质下降等问题；管理理念和创新意识仍然滞后，管理效率水平较低。

（3）通过质性与案例研究、深入访谈等方法，对旅游行政主管部门、协会和饭店管理公司高管、高星级饭店从业人员进行深入访谈。

①高星级饭店的服务创新战略可采用“一个核心两个支撑点”的发展思路。其中，“一个核心”是始终坚持以满足顾客需求为核心，目标是打造成为具有文化特色和品牌个性的城市会客厅与乡村休闲度假体验地。“两个支撑点”是“文化赋能和品牌驱动”。文化赋能是高星级饭店服务创新战略的重要支撑，是以地域文化、民族文化等作为产品和服务的“体”，以当前国内外时尚要素作为产品和服务的“用”，实现“体用结合”。品牌驱动是重要支撑和引领性要求。一是将饭店星级评定标准体系作为品牌驱动的底线和基础；二是打造有个性气质、有情感连接的品牌，可以从生活方式型品牌、软品牌、历史文化遗产型品牌三个方面进行品牌塑造。

②高星级饭店服务创新战略的实现路径。主要包括：第一，星评标准筑牢创新底线。对星级标准的修订与星评工作开展等方面围绕现代治理体系方向进行创新，目标是通过强化该标准的实用性、指导性、权威性，来保障全国五星级饭店基本的服务质量水平。第二，文化赋能创新。文化赋能创新的一个基本思路是通过文化提升服务的品位、品质，进而产生服务溢价。第三，"中国服务"品牌化创新。高星级饭店需认真研究我国本土市场需求，擦亮"中国服务"这张金名片，探索中国服务的内涵、特点、模式、品牌化路径等方面内容。第四，数字化技术赋能创新。一是要通过数字技术的引领为顾客提供无接触服务、数字化体验场景。二是要加快数字化转型和组织重构，通过新兴技术重塑高星级饭店的服务流程，提高服务和管理效率。第五，跨界融合创新。为摆脱部分高星级饭店长久形成的"内卷化"服务模式，可充分采用开放式创新的跨界业态融合，如智能商业、新零售、时尚设计、共享经济、体验经济、社交生活等，在产品与服务的 IP 创意打造、数字化服务流程再造、场景化消费体验、新兴盈利模式等方面创新有突破。

（4）提出政策建议。新时代新格局下，我国星级饭店业服务创新发展需要治理体系和监管的体制机制创新和相关政策和相应配套保障措施能跟进，从治理理念创新、治理体制机制创新和政策引导创新三个方面进行了论述。

（5）对我国几家典型的优秀高星级饭店在产品和服务创新实践进行了案例分析，为高星级饭店服务创新战略发展提供案例借鉴。

（二）重要观点

（1）新时代新格局下，我国高星级饭店发展模式应当以满足本土和周边、社区市场的"国内大循环"需求为主，深入挖掘本土中端、高端消费者在度假、休闲、商务、会议、餐饮、亲子等方面的需求特点，推出适合本土消费者的产品和服务，创造性转化与创新性发展，通过本土化、社区化战略让更广大消费者有更多幸福感和获得感，实现高质量发展。

（2）新时代新格局下，对高星级饭店的认识站位要高，可以站在提升文化自信、提高文化软实力、推动文旅融合的高度，将高星级饭店不再只是看成旅游业中承担食宿功能的住宿单位，而是作为对外文化传播、展现文化自信、提升文化软实力、满足广大群众对健康生活方式和美好生活向往的重要载体，体现我国社会主义核心价值观、展现社会先进文化的窗口单位，创新中国服务模式的现代服务业态、文旅融合公共服务文化示范点，践行绿色发展理念、承担环保与社会责任的重要基地等。

（3）高星级饭店要始终坚持以满足顾客需求为核心，打造成为具有文化特色和品牌个性的城市会客厅与乡村休闲度假体验地，要回归到关注顾客体验和满意度“初心”，通过市场下沉与本土化战略、商业模式创新，将经营收入和利润与顾客的满意度、忠诚度有机结合起来。

（4）高星级饭店的文化赋能服务创新是以地域文化、民族文化等作为产品和服务的“体”，以当前国内外时尚要素作为产品和服务的“用”，实现“体用结合”。

（5）高星级饭店的品牌驱动可以从生活方式型品牌、软品牌、历史文化遗产型品牌三个方面进行品牌塑造，每种类型的品牌都会聚焦到不同类型的目标人群，通过精准的定位、个性化的产品与服务、社群化的营销活动等建立与品牌的黏性，最终提高顾客与品牌之间的情感联系与归属感。

（6）新时代新格局下，我国星级饭店业服务创新战略发展需要有监管和治理体制机制的创新，需要有相关政策支持和相应配套保障措施跟进。

（7）建议成立“星级饭店发展与治理委员会”，出台《关于我国星级饭店创新发展及现代治理体系完善的指导意见》，对新时代新格局下我国星级饭店的地位作用、发展目标和方向、治理体系、重点任务、保障措施等方面给出全局性、战略性的指导意见。同时，加快完成星级评定标准的内容修订与星评工作制度的完善，并进一步明确行政主管部门在星级饭店治理体系创新中围绕“双元融合”的治理理念展开工作。

（8）“双元融合”治理理念是刚性监管与柔性服务两大职能相融合的治理理念。其中，涉及人民群众的获得感和安全感的“安全”“卫生”和“市场监管”等，以及涉及国家形象和政治责任的“政治任务接待与国家大型赛事节事服务”等，要强化“自上而下”式的“刚性”监管理念；涉及产业发展、业务培训、服务质量监控、联合促销与市场推广等方面，可以强化“多主体参与”的“柔性”服务理念，两种理念要相互融合。

（9）加快完成星评标准的内容修订与星评工作制度的进一步完善，要考虑新时代新格局下我国星级饭店在高质量发展、提升经济效益、强化服务民生、加强生态环保、促进数字科技运用、与国际饭店品牌标准对接等方面的内容，进而在顶层设计方面为高星级饭店的治理体系创新打下良好基础。

（三）对策建议

1. 提高站位，强化治理理念创新

可以站在提升文化自信、提高文化软实力、强化文旅融合的高度，来重新认识高

星级饭店的地位和作用。对高星级饭店的治理思维可以围绕“双元融合”治理思维。“双元融合”是指“刚性的监管与柔性的服务两大职能相融合”。

2. 顶层设计，推动治理体制机制创新

第一，建议成立“我国星级饭店发展与治理委员会”，由文旅部市场管理司主要领导牵头，产业发展司、资源开发司、公共服务司等进行配合。一是考虑出台《关于我国星级饭店创新发展及现代治理体系完善的指导意见》，对新时代新格局下我国星级饭店的地位、作用、发展目标和方向、治理体系、重点任务、保障措施等方面给出全局性、战略性的指导。同时，加快完成星级评定标准的内容修订与星评工作制度的进一步完善。二是进一步明确文旅行政主管部门在星级饭店治理体系创新中的基本任务，围绕“双元融合”的治理理念创新展开相关工作。其中，涉及人民群众的获得感和安全感的“安全”“卫生”和“市场监管”等方面，以及涉及国家形象和政治责任的“政治任务接待与国家大型赛事服务”等方面，要强化“自上而下”式的“刚性”监管理念，通过顶层设计、政策意见引导、部门联动来提升依法行政能力和现代化治理能力。另外，涉及产业发展、业务培训、服务质量监控、联合促销与市场推广等方面，要强化“多主体参与”的“柔性”服务理念，推动“政府引导，协会主导，企业参与”等的治理模式，其中政府做好规划引导工作，通过制度、法律法规创造良好的营商环境、创新氛围，相关协会则做好培训、星级评定、服务质量提升等服务整个行业的各项工作，各个星级饭店则积极参与、提出需求、“自下而上”参与到治理过程中。

第二，各省、市级文旅局（厅）做好落实工作，出台实施意见与具体举措。一是强化“联合型治理”理念，建立与属地政府各部门单位进行沟通协商的会商机制，成立由文旅局（厅）牵头的专班，定期召开协调工作会议，部署联合执法、联动协调等工作。二是强化“服务型治理”理念，指导行业协会、产业联盟等社会组织，在产业发展、联合发声、业务培训、市场推介、区域合作等方面做好服务工作。

第三，相关行业协会做好桥梁与促进工作。一是进一步完善饭店星级评定与复核工作。在协会与政府逐步脱钩的基础上，由企业会员组成的协会组织负责星评的组织工作，政府部门进行指导，选择第三方进行监督，建立数字化信息与服务系统平台，以及更为多元化、专业化的星级评定员队伍。二是做好桥梁与服务工作。协会要始终与政府、企业建立密切联系机制，强化各类行业培训、行业会议、研究报告、咨询服务等服务工作。

3. 政策引导，强化综合保障工作推进到位

第一，在文旅融合背景下，考虑出台相关政策意见，培育和推出一批有历史、有文化的高星级饭店成为“文旅融合示范点”，使其文物遗址得到更好的利用、文化得到更好的传承和传播，旅游发展拥有更多的文化底蕴。

第二，相关政府部门要针对高星级饭店业与服务创新相关的创新工作给予政策支持，鼓励地方文旅部门推出一系列鼓励创新实践的推介、表彰奖励活动、全行业宣传推广等工作。

第三，出台相关政策创新以部分高星级饭店为核心的现代服务创新生态区。

第四，大力弘扬“中国服务的工匠精神”。建议对历年来全国劳动模范、各省市级劳动模范以及其他相关表彰中涉及的星级饭店各岗位人才，加大宣传力度，并对工匠精神的代表加大表彰力度，设立相关奖励政策。

第五，依托大数据与人工智能等数字化技术，建立行政主管部门的数字化监管与服务治理平台。

第六，服务创新型人才培育。培育与吸引更多服务创新型人才是高星级饭店业实现转型升级的关键因素，要加快建设服务创新型人才培育体系，并出台相关扶持政策。

三、学术价值、应用价值及社会影响和效益

（一）学术价值和应用价值

第一，通过对新时代我国高星级饭店业的定位和功能进行再认识，以及对星级评定标准及实施工作的分析，为我国高星级饭店业高质量发展提供理论基础和现实价值；

第二，服务创新战略和实现路径分析可为我国高星级饭店业在围绕服务质量提升与服务创新实现高质量发展方面提供可参考的实践模式；

第三，政策建议和治理体系创新可为政府、协会促进星级饭店高质量发展，实现现代治理模式创新、提升治理现代化水平提供政策参考。

（二）社会影响和效益

第一，本课题的前期研究成果，已经取得一定的学术影响，包括已被“人大复印报刊资料”转载，发表在 SSCI 期刊，在国际学术界发出声音。

第二，本课题的部分研究成果和观点，也发表在“酒店学人”微信公众号，阅读量累计超过 2000，同时也被《中国旅游报》等媒体刊发。

第三，本课题的负责人及参与者，在日常的教学、媒体参访、与相关协会和高星级饭店交流中，沟通交流过部分观点和成果，取得了良好效果。